U0420614

重大跨海通道管理与创新

王康臣　张劲泉　代希华
程寿山　宋神友　彭英俊　编著

中国建筑工业出版社

图书在版编目（CIP）数据

重大跨海通道管理与创新 / 王康臣等编著．—北京：中国建筑工业出版社，2023.10
ISBN 978-7-112-28986-8

Ⅰ.①重… Ⅱ.①王… Ⅲ.①水下隧道—隧道工程—工程管理 Ⅳ.①U459.5

中国国家版本馆CIP数据核字（2023）第143005号

责任编辑：李笑然　毕凤鸣
书籍设计：锋尚设计
责任校对：李美娜

重大跨海通道管理与创新
王康臣　张劲泉　代希华　程寿山　宋神友　彭英俊　编著
*
中国建筑工业出版社出版、发行（北京海淀三里河路9号）
各地新华书店、建筑书店经销
北京锋尚制版有限公司制版
北京富诚彩色印刷有限公司印刷
*
开本：787毫米×1092毫米　1/16　印张：12¼　字数：225千字
2023年7月第一版　2023年7月第一次印刷
定价：**156.00**元
ISBN 978-7-112-28986-8
（41614）

| 前言 |

交通基础设施是国家经济和社会发展的重要支撑，也是一个城市快速发展的必要条件。高速公路建设历经三十多年的飞速发展，对中国的经济发展起到了重大的推动作用。中国高速公路发展取得的重大成就，离不开国家高速公路建设战略与政策的不断调整与优化、交通运输部顶层设计的正确引领以及地方省份和交通建设项目的开拓创新和勇于实践的精神。

进入“十二五”之后，《质量发展纲要》《交通强国建设纲要》等一系列国家层面的文件出台，开始推动工程领域建设从追求速度和规模进入提质增效、转型发展阶段，对交通基础设施质量提升、结构物耐久性提升、建设管理理念创新等方面提出了更高的要求。以“精细管理、精品建造”为核心的“平安百年品质工程”应运而生，标志着工程建设管理控制的全面升级。

因社会不断进步和国家战略的转变而不断涌现的跨海重大交通基础设施因其设计、施工、管理等诸方面的复杂性和特殊性，其创建“平安百年品质工程”面临着更多挑战。粤港澳大湾区建设是当前中国推进区域协调发展和高质量发展的重要载体，多条跨海重大交通基础设施在“平安百年品质工程”创建过程中基于项目自身特点、优势，通过不断的创新驱动发展已取得了丰富的建设成果和实践经验。本书以深中通道等典型项目为依托，总结、梳理粤港澳大湾区跨海重大交通基础设施的“平安百年品质工程”质量控制和管理体系创建实践成果与经验，阐述其现实意义和未来价值，以期为交通建设发展提供启示和借鉴，更好地促进粤港澳大湾区的经济社会发展和全球化战略的实现。

在撰写本书的过程中，通过回顾粤港澳大湾区跨海重大交通基础设施的建设历史，探究跨海工程建设的基础设计、施工技术、管理控制、科研创新等方面的关键节点问题，分析其通过建设过程中的科学尝试、探索取得的建设成功经验，结合建设实践需求进行了深入研究和交流。

我们希望本书能够进一步深化理论与实务的结合，为跨海重大交通基础设施的“平安百年品质工程”创建提供思路和借鉴，为相关领域从业者和学者提供有益的参考资料。本书的编写离不开相关企业和技术人员的支持和努力，再次向他们表示感谢。同时本书也存在不足之处，欢迎读者批评指正，我们会积极改进和完善。最后，祝愿粤港澳大湾区跨海重大交通基础设施的建设能够继续发扬光大，为中国及全球的经济和社会发展做出更大的贡献。

目录

第 1 章

绪论

1.1 新时代交通基础设施建设新局面

1.1.1 公路基础设施建设发展

国家要强盛，交通须先行。交通驱动要素流动，带动社会进步。自古以来，交通就在中华文明绵延发展中起到重要的推动作用，京杭大运河承载和见证了数千年的历史演进，丝绸之路为中西方文明的互鉴与交融架起互联互通的桥梁，促进了沿线国家经济发展乃至社会变革。交通运输的每一次重大革新都深深影响到人类文明的进程。

改革开放以来，我国经济规模快速增长，人民生活持续改善，经济社会的持续快速发展带来了交通运输需求的急剧扩张。为保障经济社会发展，我国加快了交通基础设施建设步伐，交通基础设施总体上实现了从改革开放之初的“瓶颈制约”到20世纪末的“初步缓解”，再到目前的“基本适应”经济社会发展需求的阶段性跨越。“十三五”时期（2016—2020年），交通运输发展面临全面建成小康社会的攻坚期、优化基础设施网络布局的关键期、提质增效升级的转型期，基本实现了由“初步连通”向“覆盖成网”的重大跨越，总体适应了经济社会发展的需要。

截至2021年末，我国公路总里程达528.07万km，新增117.47万km，其中高速公路里程16.91万km，新增7.31万km。以国家高速公路为主体的高速公路网络连接了全国约88%的县级行政区和约95%的人口；普通国道基本覆盖县级及以上行政区和常年开通的边境口岸。目前，我国公路基础设施网络规模居世界前列，运输服务保障能力不断提升，人民群众出行更加便捷，有力支撑了经济社会发展和国家综合实力提升。

“十二五”至“十三五”期间，我国建成了全球最大的高速铁路网、高速公路网、世界级港口群，航空海运通达全球，中国高铁、中国路、中国桥、中国港、中国快递成为亮丽的中国名片，规模巨大、内畅外联的综合交通运输体系有力服务支撑了我国作为世界第二大经济体和世界第一大货物贸易国的运转。交通基础设施服务支撑国家战略能力不断增强，“轨道上的京津冀”加快构建，长江经济带综合立体交通走廊初步形成，粤港澳大湾区基本实现内地与港澳间一小时通达，长三角地区辐射全球的航运枢纽加快建设，黄河流域跨区域大通道基本贯通，成渝地区双城经济圈交通一体化水平明显提升。

经过几十年建设经验的积累和技术创新，我国交通基础设施建设技术水平实现了质的飞跃，工程建设管理模式结合我国行业发展趋势不断丰富完善，管理与设计理念持续转变，管理技术、新型结构体系、新型工程材料、新型施工装备等持续迭代创新，工程施工工艺与技术持续突破，技术先进性在世界范围内逐步达到并跑甚至领跑，管理体系、标准体系、技术体系不断创新完善。

1.1.2 国家政策引导行业发展趋势

对比世界领先的交通强国，我国公路交通在等级结构、服务水平、国家影响力等方面还存在不足，公路交通区域发展不平衡，人均指标与发达国家差距还很大，交通服务的“软实力”还有待提高。总之，目前我国交通基础设施建设还不能很好满足人民群众日益增长的多样化、个性化和品质化要求，尚不能完全达到全面建成社会主义现代化强国的需要。

高速公路是深化供给侧结构性改革，加强交通基础设施网络建设的重要组成部分。以智能化、装配化、精细化为高速公路建设技术发展的总体思路，以打造高速公路管理现代化为总领，以实施高速公路创新驱动发展战略为支撑，以提升高速公路建设品质为抓手，以实现高速公路建设本质安全为底线，把全面提升高速公路的安全性、可靠性、绿色化和智能化水平作为推动交通运输高质量发展重中之重的工作。党中央、国务院站在统领全局的高度谋篇布局，交通运输部以引领行业发展的使命担当慧心巧思，相继出台一系列文件指导交通运输行业，尤其是交通基础设施建设行业的发展方向（表1-1）。

相关指导文件对行业发展的具体要求　　表1-1

文件名称	具体内容
《中共中央 国务院关于开展质量提升行动的指导意见》	提升原材料供给水平。加快高端材料创新，提高质量稳定性，形成高性能、功能化、差别化的先进基础材料供给能力

续表

文件名称	具体内容
《中共中央 国务院关于开展质量提升行动的指导意见》	提升建设工程质量水平。确保重大工程建设质量和运行管理质量，建设百年工程。规范重大项目基本建设程序，坚持科学论证、科学决策，加强重大工程的投资咨询、建设监理、设备监理，保障工程项目投资效益和重大设备质量。加快推进工程质量管理标准化，提高工程项目管理水平。加强工程质量检测管理，严厉打击出具虚假报告等行为。大力发展装配式建筑，提高建筑装修部品部件的质量和安全性能
	实施质量攻关工程。围绕重点产品、重点行业开展质量状况调查，组织质量比对和会商会诊，找准比较优势、行业通病和质量短板，研究制定质量问题解决方案。加强与国际优质产品的质量比对，支持企业瞄准先进标杆实施技术改造。开展重点行业工艺优化行动，组织质量提升关键技术攻关，推动企业积极应用新技术、新工艺、新材料
	激发质量创新活力。建立质量分级制度，倡导优质优价，引导、保护企业质量创新和质量提升的积极性。完善第三方质量评价体系，开展高端品质认证，推动质量评价由追求“合格率”向追求“满意度”跃升。鼓励企业优化功能设计、模块化设计、外观设计、人体工效学设计，推行个性化定制、柔性化生产，提高产品扩展性、耐久性、舒适性等质量特性
	推进全面质量管理。推广现代企业管理制度，广泛开展质量风险分析与控制、质量成本管理、质量管理体系升级等活动，提高质量在线监测、在线控制和产品全生命周期质量追溯能力，推行精益生产、清洁生产等高效生产方式。鼓励各类市场主体整合生产组织全过程要素资源，纳入共同的质量管理、标准管理、供应链管理、合作研发管理等，促进协同制造和协同创新，实现质量水平整体提升
《交通强国建设纲要》	加强特种装备研发。推进隧道工程、整跨吊运安装设备等工程机械装备研发
	强化前沿关键科技研发。瞄准新一代信息技术、人工智能、智能制造、新材料、新能源等世界科技前沿，加强对可能引发交通产业变革的前瞻性、颠覆性技术研究
	大力发展智慧交通。推动大数据、互联网、人工智能、区块链、超级计算等新技术与交通行业深度融合
	完善科技创新机制。建立以企业为主体、产学研用深度融合的技术创新机制，鼓励交通行业各类创新主体建立创新联盟，建立关键核心技术攻关机制。构建适应交通高质量发展的标准体系，加强重点领域标准有效供给
	提升本质安全水平。构建现代化工程建设质量管理体系，推进精品建造和精细管理
《国家综合立体交通网规划纲要》	推广使用新材料、新技术、新工艺，提高交通基础设施质量和使用寿命
	提升智慧发展水平。加快提升交通运输科技创新能力，推进交通基础设施数字化、网联化。全方位布局交通感知系统，与交通基础设施同步规划建设，部署关键部位主动预警设施，提升多维监测、精准管控、协同服务能力

续表

文件名称	具体内容
《数字交通发展规划纲要》	推动交通基础设施规划、设计、建造、养护、运行管理等全要素、全周期数字化
	针对重大交通基础设施工程，实现基础设施全生命周期健康性能监测，推广应用基于物联网的工程质量控制技术
《交通运输部 科学技术部关于科技创新驱动加快建设交通强国的意见》	加强基础研究和应用基础研究。强化基础设施可靠性设计建造理论、绿色智能融合基础理论、全生命周期性能演化规律及致灾机理等应用基础研究
	强化现代工程技术研发。突破特殊复杂自然条件下交通基础设施智能建造及健康保障技术
	促进交通建筑业高质量发展。推动交通基础设施装配化、工业化、标准化和数字化发展，促进智慧工地技术研发与应用，加快建筑信息模型（BIM）技术自主创新应用，提升预制构件的标准化水平，支持工程新材料产业发展
	促进先进制造技术与交通运输融合发展。加速新材料、增材制造、先进成形与连接技术在交通基础设施建设和装备领域的深度应用

1.1.3 新时期交通基础设施建设新理念

1．品质工程

2015年10月27日至28日，交通运输部在北京召开了全国公路水运工程质量安全工作会议，会上提出了打造“品质工程”的新理念。公路水运“品质工程”是“百年工程、精品工程、优质工程”的传承、发展和提升，“品质工程”的提出，是对现行质量、安全、管理工作的补充、有机整合和提升，是现代工程管理理念的实化、丰富和发展。“品质工程”涵盖了工程全生命周期的质量、安全、可持续发展、工程适用性、工程服务功能、工程人文等特征，具有设计维度上的创造性、空间维度上的标志性、文化维度上的传奇性，同时在风格上体现出文明积淀和文化品位。

品质工程的核心要素为“优质耐久、安全舒适、经济环保、社会认可”。具体内涵是建设理念体现以人为本、本质安全、全生命周期管理、价值工程等理念；管理举措体现精益建造导向，突出责任落实和诚信塑造，深化人本化、专业化、标准化、信息化和精细化；技术进步展现科技创新与突破，先进技术理论和方法得以推广运用，包括先进适用的新技术、新工艺、新材料、新装备和新标准的探索与完善；质量管理以保障工程耐久性为基础，体现建设与运营维护相协调、工程与自然人文相和谐，工程实体质量、功能质量、外观质量和服务质量均衡发展；安全管理以追求工程本质安全和风险可控为目标，促进工程结构安全、施工安全和使用安全协调发展；工程建设坚持可持续发展，体现在生态环保、资源节约和节能减排等方面取得明显成效。

2．平安百年品质工程

为引领推进交通基础设施高质量发展，提高工程耐久性和使用寿命，建立实践性、操作性强的技术研究机制，引导科研成果落地见效，交通运输部于2018年11月15日启动“平安百年品质工程”建设研究工作，首次正式提出了“平安百年品质工程”的理念，以品质工程为基础，聚焦长寿命和耐久性，建立“行业引导、省为主体、院校支撑、专家咨询”的“平安百年品质工程”建设研究推进机制，明确重点任务、专业类别和推进方向，围绕桥梁工程、隧道工程、路基路面及高边坡工程、港口工程、航道工程、船闸工程、公路水运工程高质量评价指标体系组织开展建设研究。“平安百年品质工程”的目标是以材料、设计、工艺工法、装备、监测、养管以及信息技术为研究方向，集中开展专题研讨和学术交流，推进试验室和实体工程验证，逐步形成一整套适用于工程建设耐久性的技术和标准，为建设质量耐久、安全可靠、经济环保、传承百年的高品质交通基础设施持续提供技术支撑。

2019年11月，交通运输部发布《关于开展交通强国建设试点工作的通知》（交规划函〔2019〕859号），印发《交通强国建设试点任务领域》。将“推进交通基础设施‘平安百年品质工程’建设”列入交通强国建设试点任务领域的“交通基础设施高质量发展”领域，进一步明确“平安百年品质工程”建设作为高质量发展的重要载体。

2020年10月，“平安百年品质工程”建设推进现场会在广东深中通道项目现场召开。会议总结了“十三五”期间“平安百年品质工程”建设取得的阶段性成果，对于初步实现了“六个聚焦、六个提升”做出了肯定。同时对应“十四五”新阶段高质量发展的更高标准，提出了交通建设的“两个新任务”和存在的不足。最终会议确定以“坚持三个引领”“强化七个重点”“加强三个保障”的方式全方位推动各项工作扎实开展，以“平安百年品质工程”为目标，全面推进交通基础设施建设高质量发展。

“平安百年品质工程”新理念是“品质工程”的进一步提升和再聚焦，是结合交通建设发展转型的新形势、新需求形成的新的理念引领，“平安百年品质工程”是将“平安”这一基础设施本质安全要求和“百年”这一质量耐久性愿景作为工程高品质建设的要求与评价。“平安百年品质工程”建设以实现工程实体结构的本质安全和工程长寿命、耐久为核心目标，以“三个引领”（理念引领、设计引领、创新引领）为抓手，围绕“两精”（精细管理、精品建造）实现突破与创新，力争形成可复制可推广的建设经验，助力交通基础设施高质量发展。

1.2 ｜ 粤港澳大湾区跨海重大交通基础设施建设兴起

1.2.1 国家战略需求

“交通强国”宏伟目标为我国重大交通基础设施建设带来了全新的战略发展机遇。党的十九大立足新时代、新征程，做出了建设交通强国的重大决策部署。在新的历史起点上建设交通强国，努力实现由交通大国向交通强国的转变，这是党中央对交通运输事业发展阶段特点和规律的深刻把握，是全国人民对交通运输事业的殷切期望。如何实现“交通强国”的战略目标，建成人民满意、保障有力、世界领先的基础设施强国，是我国重大交通基础设施建设的战略需求，也是全新的战略发展机遇。

随着沿海地区经济发展的需要，尤其是粤港澳大湾区、长江三角洲区域、环渤海地区等区域一体化建设的需要，为重大跨海通道在促进地区经济发展、保障交通安全、维护社会稳定等方面发挥重大作用提供了广阔的舞台。

2019年2月，中共中央、国务院印发了《粤港澳大湾区发展规划纲要》。规划纲要明确：丰富“一国两制”实践内涵，贯彻落实新发展理念，为我国经济创新力和竞争力不断增强提供支撑，推动形成布局合理、功能完善、衔接顺畅、运作高效的基础设施网络，为粤港澳大湾区经济社会发展提供有力支撑。作为全国交通强国建设试点单位之一，广东省交通强国建设试点的目标是用3～5年的时间，着力建设广东“安全、便捷、高效、绿色、经济”的现代化综合交通体系，在交通强国建设试点领域实现率先突破，形成一批可复制、可推广的先进经验和典型成果。

可以看出，交通强国建设战略和粤港澳大湾区战略不约而同地把交通作为经济社会发展的有力支撑。具体地讲，就是以跨江跨海通道统筹规划、跨海交通集群工程建设关键技术、高速公路大通道扩容、综合交通枢纽建设、多层次轨道交通“四网融合”发展等试点任务为抓手进行交通基础设施高质量发展示范，以有力支持粤港澳大湾区交通一体化建设。

1.2.2 大湾区高质量发展需求

基础设施是经济社会发展的重要支撑，国家在《关于推动基础设施高质量发展的意见》（中办发〔2020〕17号）中指出，要以整体优化、协同融合为导向，统筹存量和增量、传统和新型基础设施发展，打造集约高效、经济适用、智能绿色、安全可靠的现代化基础设施体系。而高质量基础设施需要满足三大社会需求，即：为社会发展提供高效服务、为人民群众提供安全保障、为创新技术提供应用场景。显然，高质量跨海重大基础设施需要立足技术创新，围绕安全可靠、智能先进、绿色集约三大导向，实现高效建造、有效管养和长效服役。

相比于美国的纽约湾区和旧金山湾区、日本的东京湾区，粤港澳大湾区有着更加独特的地理条件。从地图上看，一个倒V字形的入海口，将珠江口东西两岸分隔为二。倒V字形顶端是广州和佛山，西岸是中山、珠海、江门、肇庆等城市，东岸是深圳、东莞、惠州等城市。东西两岸，短短几十海里的路程，因为缺少直线通道，只得取道广州、绕弯而至。尽管已有虎门大桥、南沙大桥等通道连接，但面对粤港澳大湾区日益繁忙的人流物流，仍然难称便捷。因此，越来越多的跨江跨海通道应运而生，为粤港澳大湾区100km“黄金内湾”架起沟通的桥梁。

截至目前，粤港澳大湾区跨珠江口通道已建成跨江通道5座，分别是虎门大桥、珠江黄埔大桥、港珠澳大桥、南沙大桥、广深港客运专线。其中，虎门大桥、珠江黄埔大桥、南沙大桥的车道数合计20条，设计通行能力日均30万辆，2020年交通量日均已超33.8万辆，处于超饱和运营状态。为了更好地“缝合”珠江天堑，粤港澳大湾区内掀起了跨岸交通建设热潮。目前，在建跨江跨海通道共3座，即深中通道、黄茅海跨海通道、狮子洋跨江通道；规划建设通道中，公路项目包括莲花山通道、深珠通道等。以上通道全部建成通车后，珠江口东西两岸缺乏高速轨道或直线通道的交通短板将被补齐，并为广东打造环珠江口100km“黄金内湾”，形成高附加值、高增长值的湾区经济发展模式，提升粤港澳大湾区国际影响力提供不竭动力。由此可见，粤港澳大湾区内更多跨海重大交通基础设施的建设需求极为迫切。

1.3 | 现阶段质量控制和管理体系建设成果与存在的问题

经过多年的发展，基础设施品质工程与平安百年品质工程理念已经深入人心，各地积极推进品质工程与平安百年品质工程建设，形成了一批可复制可推广的经验，实现了一些质量控制及管理体系的创新，全国基础设施工程质量指标水平明显提升，取得了一定的成果，同时也存在一些不足，而这些不足继而成为质量控制和工程管理水平进一步提升的主攻方向。

1.3.1 阶段性成果

1. 工程建设领域基础保障能力进一步提升

“十三五”期间，各地强化顶层设计、加强制度建设，为“平安百年品质工程”建设奠定了制度基础、提供了法制保障。贵州、湖南、浙江、江西、吉林、新疆、内蒙古、甘肃等省（自治区）出台了公路水运工程质量和安全生产管理条例，江西制定了《公路水运工程商品混凝土质量管理办法》，内蒙古制定了《质量监督工作程序及标准》。部分省积极探索新思路新举措，完善考核激励机制，广东制定了《高速公路工程优质优价和施工监理优监优酬实施意见》，贵州制定了《在建高速公路项目质量管理纲要目标考核办法》，江苏制定了《质量工作考核办法》并将品牌工程创建纳入“质量强省”战略，推动工程质量管理由行业主导向政府主导转变。

2. 工程建设科学化标准化水平进一步提升

各地不断加强设计、施工、安全管理标准化建设，标准化体系建设成效显著。在设计标准化方面，浙江编制了设计标准化指南，江西实行了装配式混凝土箱涵标准化设计，江苏出台了绿色高速公路设计施工指南。在施工标准化方面，福建、江苏积极开展班组标准化建设，江西、安徽、新疆制定了施工标准化指南。在安全标准化方面，湖南、中国交通建设股份有限公司制定了安全防护标准化指南，广东制作了《公路工程施工安全视频教程》及配套的工种口袋书。在标准制定方面，北京编制了《公路用建筑垃圾再生材料施工与验收规范》，天津发布了《特种设备安全管理指引》，江苏编制了《公路缆索结构体系桥梁养护技术规范》《粗骨料活性粉末混凝土桥面板自动化、智能化施工工法》。据统计，“十三五”期间，各地共形成各类标准350余项。

3．工程建设全过程现代化管理能力进一步提升

各级交通运输主管部门全力推行现代工程管理理念，不断创新监管载体、实化管理抓手，完善风险管控机制，有力促进工程质量安全管理水平跃升。在质量管理方面，湖北、海南、浙江、江西发布了“淘汰落后施工工艺、设备和材料目录”；江苏推行首席质量官制度，组织开展质量创新、质量攻关、工艺改进、QC课题研究，充分发挥参建各方质量管理的主动性。在安全管理方面，天津开发了“公路工程安全生产监督管理系统”、HES安全管理平台（Health健康；Environment环境；Safety安全），河南建立了“11310”工程管理体系（即1手册、1台账、3指南、10制度）。在从业人员管理方面，江苏制定了《工匠评选办法》，广东研发了实名制管理平台。

4．交通基础设施质量安全水平进一步提升

各级交通运输主管部门全面推进现代工程管理，突出“内在质地”和“外在品位”核心要素，加强全生命周期管理，引导行业树立“施工流程规范、工艺工序标准、人员素质精良、建设管理精细”的高品质工程建设理念。据统计，全国在建高速公路、干线公路、农村公路质量监督抽检总体合格率均达97%以上，水运工程质量监督抽检总体合格率达95%以上。高速公路桥头跳车、路面车辙等现象基本消除，农村公路建设质量显著改善。同时，各地坚持把安全生产重心落在基层一线，扎实推进平安工地建设，强化事中事后监管和追责问责，防范遏制重特大工程质量安全事故，施工现场安全管理水平和风险防控能力明显提升。

1.3.2 存在的问题

当前，我国工程建设质量管理主要存在以下问题：一是质量发展总体不均衡，与大型的重点工程相比，量大面广的普通公路和中小型水运工程总体品质不高，管理粗放；二是质量品质保证性不足，我国公路工程建设仍处于外延扩张的粗放式发展阶段，工程质量保证度差、耐久性不足；三是虽然近年来在注重质量发展的同时，开始逐渐关注与自然、社会、使用者的和谐，但与人民群众追求多元化、个性化的交通品

质服务需求相比，还有一定的差距。

与此同时，一些制约工程质量的深层次的矛盾和基层、基础、基本功薄弱的问题尚未得到根本解决，工程建设领域质量形势依然不容乐观。主要表现在：一是责任意识缺乏，依然存在重进度和投资、轻质量和安全的现象，现场违规作业现象仍然时有发生；少数监理单位履约能力不足，现场把关不严，未充分发挥监理作用。二是责任体系尚未有效建立，企业主体责任不落实、政府监管责任不明确，质量制度、质量标准执行层层递减。三是市场秩序仍需规范，参建单位依法招标投标意识及履约能力不强，主体责任不落实，合同执行不严格，违规分包、转包，劳务队伍质量参差不齐，没有得到有效规范。四是政府决策有待科学化和规范化，工程用地手续、压缩工期、低价中标等问题有待破解。五是风险防控仍需加强。工程建设要素制约、盲目压缩工期等问题有待破解，勘察设计深度、重大技术方案论证与落实、施工标准化和精细化有待加强。

第2章

粤港澳大湾区跨海重大交通基础设施发展综述

推进粤港澳大湾区建设，是党中央作出的重大决策，是推动“一国两制”事业发展的新实践。2019年2月18日，中共中央、国务院印发《粤港澳大湾区发展规划纲要》，明确了粤港澳大湾区的建设目标，提出要以连通内地与港澳及珠江口东西两岸为重点，构建大湾区快速交通网络，加快基础设施互联互通。跨海通道作为基础设施互联互通的关键点，一直是粤港澳大湾区建设的重点。

2.1｜跨海重大交通基础设施建设管理难点

跨海重大交通基础设施建设工程通常选址在江海交汇区，海湾、海峡，或是深入海中岛屿的外海海域，工程方案通常包括跨海桥梁、海底隧道以及桥梁隧道组合三种形式。《公路工程技术标准》JTG B01—2014将公路桥梁按长度分为五类，规模最大的是：多孔跨径总长≥500m或单孔跨径≥100m的特大桥；将公路隧道按长度分为四类，规模最大的是：长度大于3000m的特长隧道。而我国已建成的东海大桥、杭州湾大桥、港珠澳大桥等大型跨海工程总长度均超过10km，已远超出规范的界定范围。因此，本书将“跨海重大交通基础设施”界定为：位于江河入海口或海湾、海峡，或是通往岛屿的外海海域，总长度大于10km，采用跨海桥梁或沉管隧道或两者组合方案的公路工程领域的交通基础设施建设工程。

2.1.1 跨海重大交通基础设施设计难点

跨海重大交通基础设施设计较于一般交通基建工程更为困难，超大的建设规模、复杂的地质环境、恶劣的施工环境等因素都增加了跨海重大交通基础设施的设计难度。以跨海桥梁工程为例，一般包含超长的水下钻孔桩、超大的海上基础承台、大型的连续钢箱梁、复杂的多曲面混凝土桥梁、复杂多变的钢筋体系等，每一个模块都需要具有丰富经验的设计人员不断研讨，并经过周密计算设计得来。

一般意义上，跨海重大交通基础设施的设计难点主要有下述三方面：

（1）保证跨海重大交通基础设施设计的安全性的同时，需要考虑经济性、环保性、美观性等。

（2）跨海重大交通基础设施规模巨大、投资巨大，桥、岛、隧工程中特殊构件难以通过常规方法进行工程量的统计，从而对投资决策产生不利影响。

（3）设计人员对于跨海重大交通基础设施所处环境、设计方案可行性验证无法实时掌握，只能通过现场勘察、卫星图片、设计方案沙盘等方式进行掌握，但以上方式需要消耗大量的时间和精力，为设计人员工作增加难度。

2.1.2　跨海重大交通基础设施施工难点

跨海重大交通基础设施位于江河入海口或海湾、海峡，或是通往岛屿的外海海域，施工区域内海底地形错综复杂、海域环境十分恶劣，施工过程中还受到自然天气影响，例如台风、季风等都对施工造成很大影响，因此跨海重大交通基础设施在施工前需要进行周密的计划，对各种可能出现的风险和状况进行全面的安排，对交叉作业及施工船舶、人员进行安全监控。

与设计阶段相似，跨海重大交通基础设施的施工难点也主要体现在三个方面：

（1）对于进度的管控，由于施工过程受限因素较多，尤其是自然环境的因素、结构构件体量较大、施工交叉作业较多，这些都会不同程度地影响施工进度，如果施工单位没有丰富的施工经验和严密的施工组织，施工进度将很难把控。

（2）对于成本的管控，跨海重大交通基础设施要求设计足够精细、施工过程无任何返工，否则一旦发生任何意外情况，施工成本都会随之增加，因此跨海重大交通基础设施建设对施工成本管控造成很大的困难。

（3）对于质量和安全的管控，跨海重大交通基础设施质量要求高，需要对施工过程进行严格管控才能达到设计质量要求，同时施工过程中危险系数较大。

2.2 | 深圳至中山跨江通道

2.2.1 工程介绍

深圳至中山跨江通道（以下简称“深中通道”）位于粤港澳大湾区的核心区域，北距虎门大桥约30km，南距港珠澳大桥约38km，是国高网G2518（深圳至广西岑溪）跨珠江口的关键控制性工程，是“十三五”国家重大工程。

深中通道路线全长23.977km，起自深圳机场互通立交，经广深沿江高速二期东接机荷高速，向西跨越珠江口，依次设置东人工岛、机场枢纽互通立交（匝道隧道部分）、海底沉管隧道（隧道全长6845m，沉管段长5035m，共计32个管节）、西人工岛、伶仃洋东泄洪区非通航孔桥、伶仃洋大桥（主跨1666m离岸海中悬索桥）、浅滩区非通航孔桥、万顷沙互通（部分）、中山大桥（主跨580m斜拉桥）、横门泄洪区非通航孔桥、马鞍岛陆域段引桥及横门互通立交（部分），在中山马鞍岛登陆，与在建的中开高速公路对接（图2-1）。

项目采用设计速度100km/h的双向八车道高速公路技术标准；桥梁横断面宽度为2×20.25m，隧道建筑限界净宽为2×18.0m；汽车荷载等级为公路-Ⅰ级；设计使用年

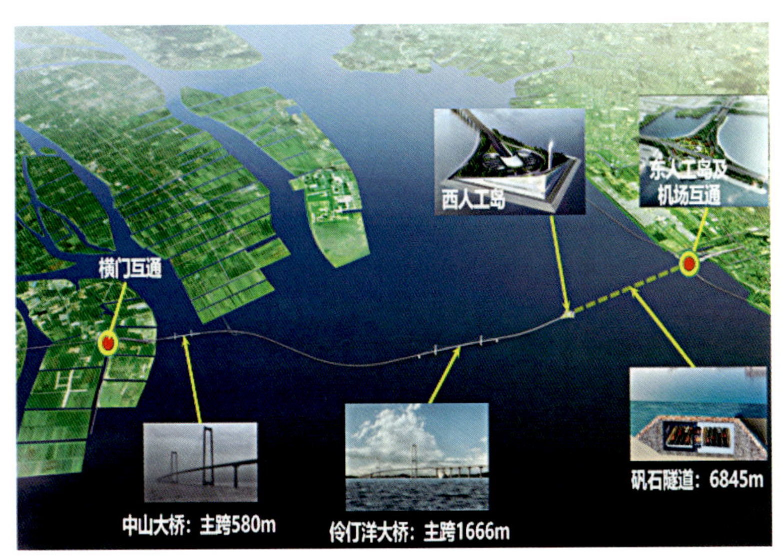

图2-1 深中通道主要构造物图

限100年。项目批复概算总额为446.9亿元（建设期贷款利息36.68亿元），其中建安费352.3亿元。

深中通道项目对贯彻国家“一带一路”“交通强国”战略，构建和完善粤港澳大湾区现代综合交通运输体系，推进粤港澳大湾区东西两岸产业互联互通，以及各类要素的高效配置，提高粤港澳大湾区的“硬联通”和“软联通”水平，促进大湾区城市群深度融合发展，为广东实现“四个走在全国前列”、当好“两个重要窗口”具有重要战略及现实意义。

2.2.2 主要技术难点与挑战

深中通道处于内伶仃洋海域，受航运、防洪、水利、机场航空限高、海洋环境、通航安全等多重因素制约，建设环境异常复杂，综合技术难度高，在方案选择、结构设计、施工、运营和耐久性等方面极具挑战，主要体现在以下几个方面：

（1）世界首例双向八车道海底沉管隧道面临“超宽、深埋、变宽、大回淤”等技术难题，国内首次应用钢壳混凝土沉管隧道，属于全新结构和技术，极具开创性与挑战性。

（2）主跨1666m伶仃洋大桥是全离岸海中超大跨径悬索桥，处于珠江口开阔水域、华南沿海台风频发区，面临超高桥面（92m）抗风问题及海中大型锚碇施工难题，极具挑战。

（3）海域地下枢纽立交匝道隧道与双向八车道钢壳混凝土沉管隧道组合属世界首例，面临超大交通量、高货车比、危化品车管控难等问题，且匝道隧道内多次分合流，行车视距受限，运营安全与防灾救援面临极大挑战，公共安全问题突出。

（4）海域风化花岗岩地层起伏巨大，且须穿透致密砂层，超大型海中人工岛钢圆筒振沉难度大；东人工岛海域超宽深基坑开挖支护及风化地层止水与防渗面临极大挑战；东人工岛填筑及海域明筑地下互通立交深基坑开挖和支护对滨海既有桥梁结构安全影响与变形控制难度大。

（5）复杂海洋环境条件下交通基础设施领域工程结构耐久性保障及长期安全服役问题突出。一是现浇结构大体积海工混凝土控裂难度和耐久性保障技术要求高；二是大交通量、高重载车比环境下正交异性钢桥面板疲劳和长期服役性能问题；三是高温、高湿、高盐雾条件下悬索桥主缆腐蚀疲劳问题。

2.2.3 建设理念

1. 系统工程观及价值工程建设理念

坚持系统工程观。项目建设遵循“系统工程观”建设理念，达到项目建设能满足各相关行业发展需求，且总体系统、功能平衡的目的。

坚持价值工程建设理念。以坚持价值工程建设理念优化建设条件及技术标准，择优推荐工程方案，以使项目建设及运营期总体风险可控、工程规模适度。

2. 可持续工程建设理念

首先，坚持全生命最优的建设理念，贯彻设计、建设、管理、养护及拆除一体化结构设计；其次，坚持绿色环保建设理念，从路线走廊、工程方案的选择、建筑材料的选择到施工方案、工法的选择，均注重建设与自然环境和谐统一；最后，注重社会发展需求，通过线位合理布局、路网合理衔接、立交合理设置等措施极大促进社会经济发展。

3. 需求引领理念

注重目标及功能需求引领。一方面，注重使用功能，包括交通需求及养护要求，依据交通需求合理确定项目路线走廊、路网衔接形式、技术标准，保障项目功能质量、服务质量；各构造物方案选择更注重易于建管养一体化要求。另一方面，注重结构功能，在满足建设条件及技术能力条件下，选择“受力简洁明确、结构构造合理、施工方便、质量可靠”的建设方案，从结构上保障耐久性。

4. 创新驱动理念

按照需求引领创新原则，开展“桥—岛—隧—水下互通”跨海集群工程建设关键技术研究，科研先行，产学研用结合，构建科研、设计、施工、装备四位一体互动机制，以技术创新为建管养一体化服务，提升质量、安全保障水平，降低工程风险。

5．建筑与结构深度融合的设计理念

借鉴建筑行业及国际类似工程成功经验，引入建筑设计，通过建筑设计与结构设计深度融合获得平衡和谐的设计作品。一是面向国际组织开展方案设计国际竞赛，集思广益，获得优秀的设计基础参考方案；二是组织开展建筑与结构的深度融合设计，在施工图设计阶段对推荐方案开展大量美学优化工作，多重层面提升项目建筑美学品质，实现工程与自然、人文和谐共生。

6．坚持“五化”理念，推进建设管理现代化

贯彻落实广东省交通运输厅《加快推进广东省高速公路建设管理现代化的指导意见》，坚持“标准化、工业化、装配化、智能化、精细化”建设理念，着力推进标准化设计、工业化建造、装配化施工、智能化建造、精细化管理；践行“以设备促工艺、以工艺（工法）保质量、以质量提品质”理念，以工艺（工法）标准化促进施工标准化，发挥标准化对品质工程建设的支撑和保障作用；推进施工工艺标准化、施工场站建设规范化，逐步推进工程建设向工业化方向发展；推行大型钢结构智能制造、沉管智能浇筑与智慧安装、智慧梁厂；建设基于BIM+互联网智慧工地；建立“实施有标准、操作有程序、过程有控制、结果有考核”的标准化管理体系，推动实施精益建造，提升工程整体质量。

2.2.4　主要建设成就

1．实现工程与自然、人文相和谐

深中通道位于粤港澳大湾区核心腹地，附近有深圳宝安国际机场，所以每天都会有无数国内、国际友人从蓝天俯瞰；它又处在繁忙的国际航道上，也会有无数乘船而行的人们从海上仰望。因而，深中通道的建筑代表大湾区乃至国家的形象。

鉴于国内公路行业现状，存在结构工程师主导总体设计，对总体设计、建筑美学等方面统筹尚不够全面，而建筑美学设计需要很强的专业性，深中通道立足行业、开拓思路，在国内大型交通项目上首次成功组织开展了方案设计国际竞赛，博采众长，集思广益，获得了平衡、和谐的整体建筑设计理念，并将建筑美学理念及风格在施工图设计中充分应用，使整个通道的建筑设计方案简洁、大气，实现了深中通道工程与

自然、人文相和谐，延伸美好生活初心，湾区新地标呼之欲出，获得了行业主管部门和社会各界的高度认可，取得了很好的美学及社会效果。更重要的是，与周边自然、人文环境和谐平衡的设计理念、结构与建筑深度融合的设计理念已在国内多个项目中得到应用。

2．创新新型气动控制技术，攻克世界最大跨全离岸海中三跨吊全漂浮体系悬索桥抗风致灾难题

为了满足通航需求，深中通道在跨越伶仃航道时，采用了580m+1666m+580m的世界最大跨全离岸海中三跨吊全漂浮体系悬索桥——伶仃洋大桥，桥面高达92m，又处在珠江口开阔水域、强台风频发区，欧洲某著名桥梁公司曾断言：伶仃洋大桥采用的整体钢箱梁无法满足抗风安全要求。

为此，深中通道建设者积极探索、勇于创新，组织了国内4家知名高等科研院所开展平行研究。历经3年，通过上百次试验，研发了“整体钢箱梁+水平导流板+上下稳定板+高透风率栏杆”新型组合气动控制技术，攻克了台风频发区超大跨整体钢箱梁悬索桥灾变控制技术，在世界上首次将超大跨整体钢箱梁悬索桥颤振临界风速提高至88m/s，一举打破了国外权威的论断，为我国超大海峡工程积累了技术储备，提升了我国跨海桥梁工程建设技术水平。

3．创新性应用钢壳混凝土沉管隧道新型组合结构

深中通道沉管隧道全长6845m、宽46m，是目前世界上最长、最宽的海底沉管隧道。为了使深中通道项目适应超宽、深埋、变宽、大回淤技术特点及建设条件，在国内首次创新提出了钢壳混凝土沉管隧道新型结构形式。该结构是国内首次采用、国际首次大规模应用，面临国内全产业链都没有相应工程经验，没有成熟的设计规范、施工经验、质量验评标准、检测手段和方法等困难。

为实现国内钢壳混凝土沉管隧道成套技术“零”的突破，从2015年开始，深中通道建设者组织了40余家国家一流科技攻关团队开展“产学研用”结合，历经4年科技攻关，开展了上千组模型试验，成功攻克了项目乃至行业“卡脖子”技术难题，建立了钢壳混凝土沉管隧道计算理论和设计方法，创新了材料和工艺，研发了全新的装备，形成了具有自主知识产权的钢壳混凝土沉管隧道建设成套技术和中国标准，填补了国内全产业链空白。

4．推行“以装备促工艺、以工艺保质量、以质量提品质”建设理念

西人工岛处于珠江口伶仃洋中心，由57个直径28m的大直径圆筒筑成围护结构。为确保人工岛快速成岛及复杂软弱地层岛壁结构稳定，围护结构创新性采用直径28m钢圆筒，增强了成岛稳定性；创新采用12台APE600振动锤联动振沉工艺，提高了钢圆筒振沉能力；创新应用DSM船（水下深层搅拌船）对水下致密砂层进行预处理的施工工艺确保钢圆筒平整精确地振沉就位。形成了海中大型人工岛快速成岛成套技术（4个月成岛，比港珠澳大桥快了近5个月），为我国复杂地质条件下外海岛礁、港口码头建设提供了快速、成熟、可靠的方案，形成了工程示范作用，助力建设海洋强国。

自主研发了世界首条沉管隧道基础自升平台式超宽碎石快速铺设整平船，该船在港珠澳大桥沉管隧道基础上，将7工位优化为4工位，10～15d/管节优化为6d/管节，显著提高了工效，大大降低了回淤风险，解决了基槽大回淤难题。

此外，深中通道在世界范围内首次成功应用DCM（深层水泥搅拌桩）技术与沉管隧道基础，极大提高了沉管隧道基础承载力，降低了基础不均匀沉降风险，并且形成了DCM施工工艺指南和质量验评标准。

5．研发国内首条沉管钢壳智能制造生产线

以互联网+BIM技术+智能机器人为抓手，深中通道推动造船行业与交通行业深度融合，在重工业领域首次研制成功了钢结构智能制造生产线，实现了智能制造零突破。主要研发了钢壳小节段车间智能制造、中节段数字化搭载、大节段自动化总拼生产线。其中小节段车间智能制造是核心，研发了“六线一系统”智能制造生产线，具体包括混凝土智能搅拌生产线、钢筋自动化数控加工生产线、液压模板自动控制系统、智能布料、浇筑及振捣系统、预应力智能张拉及压浆系统、智能化喷淋养护系统以及集成控制系统，从而实现了钢壳智能制造，提升了钢壳结构制造品质及工效，促进了我国交通行业与造船业技术提升，打造了国家现代化造船基地，提高了国家战备能力。

6．研发钢壳沉管隧道自密实混凝土智能浇筑装备和系统

为实现钢壳自密实混凝土高品质浇筑，深中通道多措并举，取得了一系列成果：

研发了智能化浇筑装备和智能浇筑小车，通过传感器（温度传感器、定位仪、混

凝土液面测距仪等）、智能浇筑小车，实现了混凝土自动布料、快速自动寻位、自动浇筑以及浇筑速度控制。

基于BIM、智能传感和物联网技术，研发了涵盖混凝土生产、运输、浇筑、检测的钢壳沉管混凝土浇筑全过程智能化、信息化管理系统，利用大数据辅助决策，实现了沉管预制各环节任务智能分配、实时监控记录以及施工缺陷快速定位、自动生成报表的优质、高效、智能化、精细化管理，实现了“管节预制全过程信息化管控”，提升了混凝土浇筑品质，降低了混凝土浇筑过程损耗，实现了“优化资源配置、降本增效”。

7. 首次研制了沉管管节智慧运输安装一体船

为降低施工风险，保障水上公共安全，提高对接精度，减少疏浚量，结合项目需求，深中通道在世界范围内首次研制出沉管运输安装一体船，该船是集沉管浮运、定位、沉放和安装等功能于一体的、具有DP定位和循迹功能的专用船，具有航迹线控制、自航速度快、抵抗横流、减少航道通航影响、可实现应急回拖、施工风险可控、管节结构适应性强等优点，提升了长距离管节浮运施工安全保障能力，并大幅提升了浮运安装工效，实现了智慧安装。

8. 打造国内一流的智慧梁厂

基于BIM协同管理平台、钢筋数控加工、混凝土智能拌合及浇筑、自动液压模板和振捣系统、智能张拉及压浆、自动喷淋养护、混凝土ERP系统等集成的智慧梁厂，实现了预制场工装设备全面智能化、工序卡控智能化、施工管理精细化。

9. 建设基于BIM+移动互联网的智慧工地

基于“互联网+交通基础设施现代管理理念”发展新思路，推进大数据与项目管理系统深度融合，建立以BIM技术为基础的项目管理平台，逐步实现工程全生命周期关键信息的互联共享以及参见各方工作协同，推行“智慧工地”建设，积极推广智慧工卡、一机一码、工艺监测、安全预警、隐蔽工程数据采集、远程视频监控等设施设备在施工管理中的集成应用，确保现场“看得见、喊得着、管得住”，实现项目建设全过程、全方位管控，提升项目管理信息化水平，推动现代工程管理水平及工程品质的提升。

2.3 其他典型跨海重大交通基础设施

2.3.1 港珠澳大桥

港珠澳大桥跨越珠江口伶仃洋海域，主体工程总长29.6km，其中桥梁长约22.9km，包括：青州航道桥、江海直达船航道桥、九洲航道桥三座斜拉桥（图2-2～图2-5）。青州航道桥为主跨458m双塔钢箱梁斜拉桥，江海直达船航道桥为主跨258m三塔钢箱梁斜拉桥，九洲航道桥为主跨268m的钢-混组合梁斜拉桥。

港珠澳大桥斜拉桥方面的主要创新包括：

（1）青州航道桥超高混凝土结构主塔及“中国结”安装技术。结形撑总高50.30m，总宽28.09m，重达780t，杆件倾角大、构造异形，与塔柱连接处曲化，故采用钢结构，确保工厂制造质量，避免常规的混凝土上横梁开裂病害。

图2-2　港珠澳大桥

图2-3　青州航道桥

图2-4　江海直达船航道桥

图2-5　九洲航道桥

（2）首次实现“海豚”形全钢结构索塔整体吊装技术。江海直达船航道桥主塔柱受力部分由下至上共分为13个节段；总高约110m，首节高度3.5m，重约500t，单独安装，其余节段整体吊装，重约2800t。

（3）钢箱梁制造方面，国内首次引进“焊接机器人”“数控折弯机”等先进智能化生产设备，建造了世界一流的板单元制造生产线，大幅度提升了钢箱梁生产的车间化、机械化、自动化水平，缩短了制造周期。

另外，港珠澳大桥深水非通航孔桥采用110m跨径整幅钢箱连续梁桥，共13.89km，主梁采用单箱双室整幅等梁高钢箱梁，全宽33.1m，梁高4.5m，顶板挑臂长度5.5m，顶板最小厚度18mm。

浅水区采用85m跨径钢箱连续梁桥，长5.4km，与深水区非通航孔桥保持外观一致，采用相同的悬臂长度和腹板斜度，梁高为3.5m，主梁采用单箱三室带肋整幅梁，对称布置，梁高3.5m，顶板宽33.1m，板厚18mm。

港珠澳大桥在梁桥方面的创新包括：

（1）大型钢管复合桩研究与应用。

（2）埋床法全预制墩台设计与施工技术。

（3）预制墩身连接技术及ϕ75预应力螺纹粗钢筋研发。

（4）超大尺度钢箱梁的制作与安装。

（5）桥梁高阻尼橡胶支座减隔震设计。

（6）设置质量调谐阻尼器（Tuned Mass Damper，TMD）的钢箱连续梁涡激共振抑制技术。

2.3.2 虎门二桥（南沙大桥）

虎门二桥坭洲水道桥，主跨跨径为1688m（图2–6），其设计建设过程中主要创新成果包括：

（1）开发了主缆索股用国产超高强度热镀钢丝盘条，开发了主缆索股用直径5mm的1960MPa高强度、高韧性、高耐久性锌铝合金镀层钢丝，其抗拉强度≥1960MPa，扭转次数≥14次；开发了镀层厚度和均匀性控制的“双镀+电磁抹拭”热镀锌铝工艺，实现了1960MPa热镀锌铝钢丝批量化生产，年产能达到10000t以上，并首次实现了3万t实桥应用。

图2-6　虎门二桥

（2）首次研发了特大跨悬索桥加劲梁的纵、横向静力限位–动力阻尼装置和技术及结构体系，解决了加劲梁梁端纵向位移大、横向减震能耗的难题。

（3）首次研发了带流线型导流板的扁平整体式钢箱梁结构，解决了特大跨悬索桥的颤振稳定性问题，提高了抗涡振性能。

（4）首次研发了地下连续墙与重力式锚锭共同受力的复合锚锭基础新型结构，提出了复合锚锭基础的简化计算方法和复合成槽施工工艺。

（5）首次研发了箱梁、主缆、鞍室除湿一体化技术和回风循环系统，首次提出了可更换多股成品索式锚锭预应力锚固系统。

（6）国内首次开展了特大型桥梁工程BIM+应用技术研究，打造了基于BIM的特大型桥梁工程建养一体化的信息平台。

（7）研发了基于物联网的超长索股牵引监控及自动调索控制系统，开发了可自动上报位置信息的索股牵引系统与监控平台，架索精度高、速度快，创造了3000m超长索股架设6根/d的新纪录。

2.3.3　黄茅海跨海通道

黄茅海跨海通道工程是港珠澳大桥西拓通道的重要组成，也是连通粤西地区的重要通道。起点在珠海市平沙社区与鹤岗高速顺接，与高栏港高速互通，向西跨越崖门口黄茅海水域，终点于台山市斗山镇并与西部沿海高速相交，对接新台高速，线路全长31.11km，跨海段长约14km。项目全线采用六车道高速公路标准建设，设计速度为

100km/h。项目于2021年6月开工建设，预计2024年6月通车试运营。

黄茅海跨海通道项目标志性工程黄茅海大桥和高栏港大桥，分别采用双塔斜拉桥和三塔斜拉桥，且两桥净距仅为1.7km，共计5座索塔。索塔均采用混凝土变截面独柱塔结构形式，以打造纤腰造型。为确保项目高品质建造，黄茅海跨海通道在工程设计阶段围绕“独柱异型索塔设计、数字化设计、优化力学设计、耐久性设计”4个方面开展创新，在工程施工阶段围绕海中异型索塔建造技术开展技术创新应用，形成了独柱异型索塔外形与结构创新设计、曲线独柱智能液压爬模及控制系统、弧形钢筋网片工业化制造及快速拼装成型技术、环氧钢筋部品化工艺等一系列成果。

2.3.4 狮子洋通道

狮子洋通道位于珠江三角洲核心地带，上游距南沙大桥约3.6km，下游距虎门大桥约8.0km，西侧对接广中江高速，东侧对接常虎高速。狮子洋通道是粤港澳大湾区首条立体复合跨珠江通道，对于缓解虎门大桥、南沙大桥交通压力，改善南沙和东莞两岸交通流结构具有重大意义。项目包含狮子洋通道主体工程（含上下层）、下层桂阁大道段、下层轮渡路改扩建工程及下层白沙南路段工程，全长约35km，全线采用设计速度100km/h的双向八车道高速公路技术标准。过江段采用双层桥方案，长约15.35km，建设工期6年。

主体工程狮子洋大桥耦合了2180m最大双塔单跨吊、342m最高钢板组合塔、130m最大直径深埋重力锚、8+8车道最宽双层桁架梁、1.5m级最大直径高强主缆，位列世界最大双层桥梁。项目全线均为双层复合通道，横跨珠三角核心区两市五镇，在交通功能、结构形式、建设条件上均具有立体交叉特点，呈现出“通道即枢纽”的独有特征。此外，项目位于大湾区核心地带，所经区域经济发达，高度城镇化，工程建设协调难度大、用地矛盾突出、敏感点多、管线迁改复杂、生态环境要求高。

2.3.5 昂船洲大桥

中国香港昂船洲大桥横跨蓝巴勒海峡，主跨1018m，为双塔双索面斜拉桥，其外形优美，设计独具特色且耐久性较好（图2-7）。大桥桥塔的下半部，在混凝土最外一层的竖向钢筋和箍筋采用了不锈钢材料，可提供超过120年的设计使用寿命。该桥2004年开工，2008年建成。

昂船洲大桥为漂浮体系，桥塔和主梁之间由两个垂直支座承托，容许主梁扭转，横向不容许有位移，纵向加装液压缓冲器将缓慢传递荷载（如温度变化）所产生的位移。

图2-7 昂船洲大桥

2.3.6 中国香港将军澳大桥

中国香港将军澳大桥由一座边跨100m+主跨200m+边跨100m的下承式钢箱梁拱桥和9跨主要跨径为75m的预应力混凝土箱梁引桥组成，桥面最大宽度为49.29m，其中拱桥桥面宽35.8m。桥梁设计采用“外飘式”蝴蝶钢拱桥，以贴合中国香港将军澳新城的“新环境、新名片、新发展”的城市理念（图2-8）。施工方面采用钢箱梁与钢拱肋在工厂统一加工、整体储运、现场一次安装的方式，大幅减少了现场作业量。

图2-8 中国香港将军澳大桥

第3章

国内重大交通基础设施“平安百年品质工程”建设综述

2021年，交通运输部启动了“平安百年品质工程”创建示范工作，公布了首批87个创建示范项目，意图通过充分发挥重大工程建设项目技术创新与质量提升的载体作用，实现创新突破、先试先行、点面结合、标杆引领，积累一大批具有可借鉴可推广意义的技术创新、管理创新经验，推动相关标准规范、工艺工法、装备材料和管理方式转变提升。这些建设管理与质量管控方面的经验也为粤港澳大湾区跨海重大交通基础设施打造“平安百年品质工程”提供借鉴、蓄积动力。

3.1 基于BIM技术的数字化设计

作为土木工程行业的信息化革命性技术，BIM引起了各国政府、学者和工程师的广泛关注，在北美、欧洲等地区的发达国家经过了多年的发展和改进。英国政府将BIM技术视为智慧城市的载体，2013年发布的《建筑业2025》提出了通过应用BIM技术将基础设施全生命周期成本降低33%的目标。美国提出通过应用BIM技术为美国建筑业每年节省2000亿美元的目标。近年来，我国陆续出台相关政策，加大对BIM技术的应用力度，推进交通领域新型基础设施建设，推进数字化转型。

2021年，交通运输部连续发布了《公路工程信息模型应用统一标准》JTG/T 2420—2021、《公路工程设计信息模型应用标准》JTG/T 2421—2021和《公路工程施工信息模型应用标准》JTG/T 2422—2021三部公路工程BIM应用标准。这一系列标准的发布，旨在加快推进BIM技术在公路工程项目中的应用，保障BIM技术的应用和交付成果的质量，促进全生命周期信息的共享和交换，加快设计、施工、养护和运营管理协调发展，提升公路工程品质和投资效益，为建设“交通强国”提供技术支撑。

1. 技术特点

BIM技术是建立在三维模型基础上，对所表达物体的物理信息、功能信息及过程信息等进行的数字化表达。对于交通基础设施来讲，BIM模型需要包含全专业的设计信息、施工信息、设备设施信息及后期运维检测信息等，用于对交通基础设施全生命周期信息的应用。BIM技术具有可视化、集成性、协调性、模拟性等特点。

1）可视化

BIM技术的可视化相比较于传统CAD图纸来讲优势明显。传统CAD图纸即二维图纸的展现形式，非常依赖人脑的几何空间能力，通过空间想象将二维图纸所表达的信息转变成三维物体，进而去理解图纸的设计意图，发现设计问题。这个过程非常消耗时间，且对人员的识图能力要求较高。BIM模型则打破了二维转三维的一个过程，直接显示的是三维模型，不再需要人员去识图转换，而且BIM模型传递信息将更加准确，尤其是针对异型复杂结构，BIM模型的展现形式更好。

2）集成性

高速公路项目工程体量大、参建方众多，项目管理难度大，传统的管理方式很难应对成百上千张图纸和数量众多的信息单，需要对信息进行集成化处理。借助BIM技术的集成性可以有效解决部分问题，首先将工程图纸和信息进行数据化，通过三维建模的方式将所有信息集成在三维模型上，然后利用计算机强大的数据处理能力、信息存储能力、信息分类能力等，根据设定好的规则和方式进行分析和计算，实现项目信息的有机融合。

3）协调性

高速公路项目参建方众多，工序交叉点多，协调沟通工作很多，传统沟通方式对于管理人员素质和能力要求很高，一旦处理不当会出现相互扯皮及推诿的事情发生。BIM技术的应用能够将协调工作调整到事前，通过对各专业模型之间的碰撞检查，发现需要调整和优化的地方，协调设计单位、施工单位及各专业分包单位进行调整和优化；通过对施工过程的模拟，发现各工序或各单位交叉作业的地方，提前进行沟通协调和模拟，促使实施过程中能够顺利推进。

4）模拟性

BIM技术的模拟性不仅仅指虚拟仿真，还包括通过软件的分析进行动态模拟。例如，通过模拟桥梁施工进度，调整材料运输路径、装配构件加工进度、船只调运数量及运输轨迹。BIM技术的模拟性主要是为了验证工程项目中部分工序或活动的实施可行性、功能满足情况等，可以帮助提前决策，提高设计的可靠性。BIM技术5D模拟也将为施工过程提供辅助决策，通过对施工组织设计的动态展示，添加时间信息和资金动态信息，实现对施工过程全方位的动态管理，能够为管理人员提供更好的管理决策和方法。

2．应用优点

BIM技术核心是通过三维可视化表达，集成高速公路项目所有参与方、所有建设阶段的数据信息，进而实现对高速公路项目有效的数字化表达，并在此基础上，利用数据计算能力进行全方位的应用。可以说BIM技术具有解决信息化瓶颈、减少信息传递误差、减少信息分散造成的无效工作等优点。

1）解决信息化瓶颈问题，建立单一工程数据源

高速公路项目采用的数据传递模式是建立单一工程数据源，这种方式将有效减少信息错误的出现，但二维图纸的传递工具将会产生信息断层和信息孤岛的现象，原因在于项目参与各方不同的专业背景、社会背景，往往会对二维图纸理解产生分歧。BIM技术成功地解决了信息化瓶颈的问题，能够有效降低理解错误，而且可实现集成各专业统一管理，从而能从项目整体的角度去进行决策、分析和控制。

2）减少信息传递误差，可视化使沟通更顺畅

BIM技术最大的特点在于可视化，模型的可视化要比二维图纸传递的信息量更大、效率更高、准确性更高，通过计算机模拟出三维可视化内容，可以有效据此做出精准的对策，实现沟通效率的最大化。同时，在三维模型的基础上，可以快速地集成各个专业模型进行碰撞检查，进而优化工程设计，提高设计质量；三维可视化交底、施工过程模拟等均可更加直观地传递工程信息，提高项目各参与方的沟通效率。

3）减少信息分散造成的无效工作，实现三维联动设计

传统公路工程项目在设计阶段容易出现多头设计的问题，最后通过叠图的方式进行优化，这种方式一方面会产生大量错误，尤其是针对复杂公路工程项目；另一方面也大大增加了沟通工作量，出现了大量的无效工作。BIM技术能够有效地减少信息分散造成的无效工作，能够实现三维联动设计，这样在各专业设计时能够实时看到其他相关专业的设计情况，能够快速地调整设计方案，避免了大量重复性的讨论工作。

3．探索现状

当前，我国多省（区、市）相继出台BIM技术应用政策，推动了BIM技术进一步发展。近年来，BIM技术在我国公路桥梁工程中得到广泛应用，信息化的价值得到广泛认可，而且BIM应用已呈现快速增长的态势。

山东高速集团于2017年组建研发团队，开展公路行业BIM技术研究。经过不断进行编程、测试、改进、再编程，编写出600多个交通专业常用构件的创建函数，最终山东高速集团实现在BIM领域的“弯道超车”——利用国产自主三维图形引擎，研发出面向公路交通行业的BIM设计软件。该软件已在山东省内近30条、2000多公里高速公路项目中得到应用，大大推进了山东省高速公路建设信息化进程。以BIM设计软件为起点，集团不断壮大BIM技术体系，目前已经形成包括数字交通地球、数字勘测、智能设计平台、建设管理协同平台、一体化监测平台等自主研发的软件、平台，涵盖勘察、设计、施工、运维在内的高速公路全生命周期BIM应用标准体系与解决方案。

四川省深耕BIM研究与应用，结合国内国际标准，以数据为核心，创新构建了标准体系、生产体系、交付体系及应用体系。其自主研发的基于云端的CCDS数据协同系统、生产辅助系统、交付系统、建养一体化BIM平台等关键技术，在沿江高速等项目建设中深度应用，提高了全周期数字化生产、交付及应用能力，有效解决了BIM标准落地应用、多人多专业协同工作、跨BIM平台成果交付、全周期跨阶段数据交付、全周期BIM应用及业务系统集成融合等行业难题，实现了项目参建各方的协同管理和工程数据的安全高效传递。除G4216沿江高速项目外，该技术还被广泛应用于乐西高速、成绵高速、泸石高速、天邛高速等多个高速公路工程设计和管理中。

3.2 | 智能建造

智能建造是指在建造过程中充分利用智能技术和相关技术，通过应用智能化系统，提高建造的智能化水平，减少建造过程对人工的依赖，从而使建造的品质和效率更高，同时，在建筑的全生命周期内实现节材省工、节能减碳的目标。不难看出，智能建造将推动传统公路建设行业转型升级。

1．智慧检测

部分高速公路项目大量采用预制管桩+预制墩柱设计，在进行安装施工时应用智能桩基（墩柱）质量控制系统，通过高度集成卫星定位传感器、倾角传感器、电流传感器等设备，实现对桩基平面位置、垂直度、贯入度、标高、锤击数等信息的采集及质量评价，提高成桩效率与质量。应用路基智能压实系统，通过北斗定位系统、压实传感器、数据采集盒等设施，实时显示压实度、碾压遍数、运行速度、行驶轨迹等信息，引导工人更好地把控路基压实质量。应用3D智能摊铺控制系统，通过机载电脑+油缸控制器+标靶接收器+高程信号发射器，无需打桩放样即可实现水稳/沥青路面摊铺机作业过程中毫米级自动控制找平，精确控制高程、坡度及平整度。引进三维激光扫描混凝土构件自动检测系统，实现预制构件几何尺寸与模板变形的快速精准检测，并自动出具检测报告。

2．智慧梁场

当前，智慧梁场在公路行业建设中普及程度比较高。一批高速公路项目围绕智慧梁场建设取得了一系列经验成果。例如，轻型T梁预制采用全自动生产线，通过拌合站智能监控系统实现每槽、每车真实生产配合比数据的实时采集，获取水泥剂量、水灰比、混凝土级配、外加剂等质量关键信息，对混凝土生产质量进行及时评价；通过混凝土平面运输系统、自行式移动台座系统、液压固定侧模系统，实现混凝土全自动高效率浇筑振捣作业；通过智能张拉压浆系统，可以精确控制张拉预应力值大小，实时准确测量预应力钢筋伸长量，将人为干扰和环境因素影响降到最低，有效解决传统张拉工艺存在的过程不规范、误差过大、张拉数据不精确等问题；项目每一片T梁在出厂前，都埋设了可追溯的RFID芯片“身份证”，可追溯该构件所有管理数据和质量数据，便于桥梁运营后的长期维护，实现从原材料控制到预制T梁安装的全过程智能管理。

四川省部分公路项目打造“智慧梁厂2.0”项目，专注山区高速公路桥梁建设（图3-1）。以某项目为例，“智慧梁厂2.0”需完成5913片T梁，涉及全线98座桥梁，如果采用传统生产工艺，需300个人一年半才能完成。通过“1+N”数据集成体系，把生产的各个环节全部融入中枢神经，实现集中控制与生产指令下达，能有效解决其他传统梁厂生产效率较低、预制构件质量不稳定、工业化水平不高、特种设备使用安全

图3-1　智慧梁厂2.0管理平台

风险高、资源浪费严重等问题。相较于传统梁厂，该梁厂实现预制T梁生产施工人员减少60%、施工效率提升50%、产量提速200%。

3．数字隧道

隧道工程建设过程中往往地形、地质和建设环境复杂，施工条件极为艰巨，并且施工风险极高。面对这些困难，部分项目成功将大数据、人工智能、物联网等数字技术深度融入隧道建设，并探索出行业领先的数字隧道协同理念。

首先，引入系列隧道智能化施工装备，主要装备有全电脑三臂凿岩台车、机械化炸药混装台车、智能拱架安装台车、智能湿喷台车、远程控制指挥车、弧形梁自动生产线以及系列电动出渣装备等（图3-2～图3-5），全面涵盖隧道掌子面开挖作业、出渣作业、初期支护作业和支护构件加工生产，大大提升隧道主要作业环节的自动化、智能化施工水平，提高隧道掘进、支护、出渣作业效率，有效减少隧道掌子面及洞内作业人员数量，实现隧道安全、高效、高质施工，为隧道自动化、智能化、无人化施工奠定装备基础。

图3-2 三臂凿岩台车

图3-3 智能拱架安装台车

图3-4 智能湿喷台车

图3-5　拱喷一体化台车作业

其次，研发并运用智慧隧道AI建造管理系统，初步实现了隧道作业人员、施工设备、作业工序以及作业环境、资源等信息的采集与高效匹配，使隧道进入信息化、数字化、自动化施工与管理新时代，为实现隧道施工精准导航和施工管理最优入轨提供了数字化解决方案，将隧道建造由以人为主导的经验决策逐步迈向AI智能决策（图3-6）。

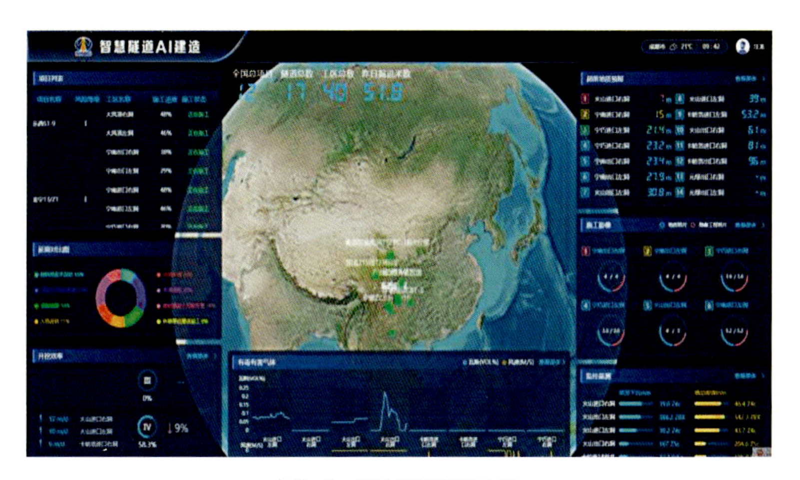

图3-6　数字隧道管理平台

此外，竖井TBM应用使竖井施工过程实现全自动化、全机械化（图3-7），掘进过程无需人员下井即可完成，通过刀盘旋转配合推进系统完成竖井开挖，设备井下噪声小于60dB，岩层扰动小、超欠挖少、成井完整。在软硬不均的地质环境下，13h掘进进尺可达6m，并同步完成出渣作业，大大提高了各作业环节协同化、自动化、低碳化，实现了大幅度减人增效，助推交通行业全面智慧发展。

图3-7 全断面双模式竖井掘进机

3.3 工业化建造

工业化建造是将工业的理念与装备融入建筑业，采用标准化构件、部品和配件，使用通用机具或装备进行生产和施工的一种建造方式，其关键在于工业化生产、装配化施工，基础在于标准化设计，核心在于化前场施工为后场预制装配。推行工业化建造将为智能建造提供便利条件，有利于推进建筑业改造升级和高质量发展。

3.3.1 钢筋部品化工艺

钢筋部品化是指将整体桥塔钢筋部品沿高度方向划分为多个钢筋部品节段，任一钢筋部品节段的施工方法包括：在地面工厂内依次加工钢筋单元件、钢筋网片和钢筋块体，将钢筋块体运输至施工区域并拼装成钢筋部品节段，将钢筋部品节段整体吊装上塔，对钢筋部品节段线形调整后进行对接安装。钢筋部品化施工在施工过程中将原本需要在现场进行的钢筋焊接、钢筋绑扎、垫块安装、预埋件安装等大量高空作业转为地面作业。如此既能够减少高空作业人员，降低安全风险，也有效提升了工程质量。

传统钢筋部品装配化施工技术是指将塔上钢筋施工转入地面工厂进行流水线同步作业，钢筋部品节段整体吊装上塔，采用挤压锥套快速连接，大幅减少塔上钢筋作业时间，且在混凝土等强期间完成钢筋施工，不占用关键线路时间，显著提高了塔柱施工效率。在此基础上，各项目结合自身需求进一步开展工艺创新。例如，某高速公路项目创新“塔柱钢筋网片智能弯折、现场胎架法组拼成整体”钢筋部品化施工工艺，自主研发超高混凝土桥塔钢筋部品柔性制造及智能筑塔关键施工技术，将索塔钢筋半成品工业化生产、钢筋部品快速拼装成型、整体节段高空吊装对接等成功运用到塔柱施工中（图3-8、图3-9）。钢筋现场绑扎由以往方案中的7d一节段提高至部品化后1.5d一节段，实现了“机械化减人、智能化换人”的智慧安装，大大减少了塔柱钢筋高空作业人员与作业时间，降低了施工风险。此外，运用BIM等技术多角度模拟，设计出具有针对性的钢筋胎架、精确定位卡尺、部品施工平台、可调式部品专用吊具与对接专用“喇叭口”。现场每根钢筋利用专用卡尺精确定位，采用交叉式电焊进行“特殊加固”等措施，在吊装与对接过程中实现毫米级误差控制。

图3-8　钢筋部品节段整体吊装

图3-9　钢筋部品吊装施工

3.3.2 标准化装配式结构体系

在当前公路建设行业提倡公路建设大型化、工厂化、标准化施工的大背景下，一些高速公路项目通过标准化设计、工厂化生产、一体化安装，形成了装配式通道、桩板式路基、轻型T梁、钢板组合梁、窄钢箱组合梁等系列产品，涵盖了各个跨径的工业化建造技术（图3-10）。工业化理念让高速公路上的每一道涵洞、每一根墩柱、每一个盖梁、每一片梁板都变成了在工厂加工的“积木”，使得修建高速像搭“积木”一样，干净、快捷、方便。

标准化装配式结构体系包括：

（1）装配化涵洞通道：提出管型通道3R断面和箱型通道三折线断面形式，较传统现浇通道，工期可缩短2/3，综合造价可降低15%～30%，降低碳排放25%～32%。

（2）桩板式路基：项目全幅应用桩板式路基设计为全国首次，通过钢套筒和填芯钢筋将高强度预制管桩与预制面板连接形成透空的框架式承载结构，提出了不落地一体化架设装备及架设工艺，较填方路基，具有承载力强、工后沉降小等特点，可节约土地约50%，建设周期可缩短13%以上。

（3）轻型T梁：采用等截面设计、模块化配筋、钢横梁连接、简支钢桥面连续。等截面设计方便液压式侧模的开合，适于流水线预制的工业化生产方式；模块化配筋便于钢筋的组拼；钢横梁连接和钢桥面连续替代了混凝土后浇带连接方式，提高了组拼安装效率。

（4）钢板组合梁桥：构建少主梁体系钢板组合梁设计理论，采用双钢主梁+桥面

图3-10 预制装配式梁桥

板结构，具有结构合理、质量易控制、运输施工便利、绿色环保、景观性和耐久性好等特点。较多梁式结构可节约钢材15%～20%，全宽预制桥面板可降低混凝土用量10%～15%，可降低碳排放25%～30%，具有显著的绿色建造示范效果。

3.4｜管理机制创新

1.“代建+监管一体化”管理模式

“代建+监理一体化”管理模式是专业管理团队受项目法人委托实施建设项目管理工作，同时也承担项目工程监理的新型项目管理形式。该模式可有效解决项目法人与监理单位之间的职能交叉、职责不清的问题，减少项目法人与监理之间的磨合期，充分发挥代建管理的社会化、职业化、专业化优势，实现专业的人做专业的事，有效提升工程管理质量，也为监理企业的升级转型提供了新思路与新途径。

江西省部分高速公路项目采用“代建+监理一体化”管理模式。管理过程中，项目办充分发挥“代建+监理一体化”管理模式的优势，高效整合项目业主和监理双重管理职能，积极探索新的管理架构，为高速公路项目建设走出了一条管理新思路。

1）引进信息化咨询团队

项目前期阶段即引进信息化咨询团队，并结合项目实际，自主开发应用包括质量管理、安全管理、进度管理、计量支付、图纸查看和OA办公等平台功能的智慧监管信息化系统。引进智慧监理平台，并将之纳入整个信息化管理系统，与已有的质量管理、安全管理、进度管理、计量支付、资金管理等应用平台相互关联，使项目智慧监管信息化系统更加完善。

2）引进BIM技术应用团队

建设过程中努力提升数字技能和数字管理能力，不断深化BIM技术在智慧监管平台和关键工程施工阶段的应用，努力探索BIM助力项目建设的新路径。推动钢混叠合梁信息化设计施工一体化应用、枢纽交通导改软件的研发等，让复杂结构、复杂地形、复杂交通的质量安全管理变得更直观、更简单。围绕充分发挥数字化综合智慧监管平台作用，在梁板架设、路面摊铺等关键部位的施工管控中大力推行“施工现场可视化、数据呈现图形化”，不断提升项目管理数智化水平。在探索智慧建设的新方法、新手段的同时，采用CA电子化签章，保障电子信息的真实性和完整性以及签名的不可否认性，为电子化资料移交提供依据，实现“项目监管移动化、电子资料合法化、数据传输实时化”，不仅解决了监理数据真实性和及时性问题，还依托监理+信息化服务，建立了工程管理大数据中心。

3）引进安全咨询团队

引进第三方安全咨询，有效发挥安全专业化管理团队的优势，全面推行“安全防护设施首件示范制”，实施安全防护设施装配化、定型化、标准化。通过在施工现场设置安全文化墙、安全文化长廊、微型消防站、亲情安全寄语等方式，塑造安全文化。通过信息化推送安全生产类电子书，不断增加项目建设者的认同感和安全意识。利用项目VR智慧安全体验馆，创新安全培训教育模式，实现施工安全预演、互动式教学、深度教学和实时管控，提升全体参建人员安全红线意识。

4）安全管理工作创新

结合“代建+监理一体化”管理模式的特点，开展以推动安全防护首件示范为主题的专项创建活动，所有关键工序按照安全防护设施先验收、后开工的原则组织施工，突出标杆示范引领作用。创新提出“临时防护永久化”概念，创新应用智能交通预警系统、主（被）动防护网保护系统、折叠安全爬梯、双道箱门配电箱等多项安全防护措施，为项目稳步推进保驾护航。

2．预制梁板“按质支付”

为打造优质工程，部分高速公路项目探索实现对每一片预制梁板“按质支付”，在合同中创新性设置占预制梁板合同价款5%的“按质支付”清单。项目制定“按质支付”考评管理办法，通过管理办法明确关键指标量化考核标准，对所有质量达标的预制梁从实体指标和外观质量两方面进行考核，考核分为优、良、合格三个等级，每个等级对应不同的支付金额比例。充分依托监管一体化平台，将需要考评的内容输入系统，对每一片梁板从原材料、钢筋安装、混凝土浇筑、几何尺寸、保护层厚度等全方位进行打分，系统自动形成最终分值，项目按照最终分值兑现“按质支付”资金。

第4章

跨海重大交通基础设施打造“三化”管理

工程项目管理从经验走向科学，大致经历了传统项目管理、近代项目管理和现代项目管理三个阶段。20世纪30年代以前的项目管理都划入传统项目管理阶段，这一阶段的项目管理强调成果性，旨在完成既定的工作目标；20世纪40年代到70年代是近代项目管理阶段，这一阶段的项目管理主要注重时间、成本和质量三大目标的实现，项目管理的重点集中在计划、执行、控制及评价方面，强调项目管理技术，注重工具方法的开发应用；20世纪70年代末直至现在是现代项目管理阶段，这一阶段的项目管理其应用的领域不断扩大，项目管理开始强调让利益相关者满意，强调以人为本，注重生态化与柔性管理，在管理工具与技术上重视项目管理软件的应用，体系上注重管理的模块化、专业化。跨海重大交通基础设施坚持目标导向、问题导向，积极探索管理机制创新，在丰富的实践中不断完善现代工程管理体系。

4.1 | 现代管理的基本原理

4.1.1 管理的含义

管理，就是在特定的环境下对组织所拥有的资源进行有效的计划、组织、领导和控制，以便实现既定组织目标的过程。20世纪以来，美国的泰勒、法国的法约尔等人率先对传统的管理方式进行了改造，提出了科学管理原理，把经验管理上升到科学管理。现代管理是一种融合现代社会科学、自然科学和技术科学于一体的新型管理。在管理思想上，它确立了战略观念、市场观念、竞争观念、时间观念、效益观念和全局观念，强调人在管理中的地位；在管理组织上，它奉行统一指挥、集权和分权相结合、全员管理等一系列组织原则，强调对外界环境适应的重要性；在管理方法上，它运用目标管理、价值工程、统筹法、优选法、决策技术、线性规划等现代管理方法，强调决策对管理成效的重要意义；在管理手段上，它采用包括电子计算机、云计算、大数据、“互联网+”在内的各种先进管理手段，强调信息处理的重要性。

管理活动是一个连续的过程，对这个过程阶段的划分是管理职能划分的主要依据。在实际工作中，管理活动一般可分为筹划、实施、控制和激励过程。因此，与之相应的管理职能可分为计划、组织、指挥、监督、调节和控制六大主要职能。

4.1.2 现代管理的原理

现代管理有效益原理、系统原理、能级原理、人本原理和弹性原理5个原理。

1. 效益原理

效益，通常是指效果和利益。人们开展每一项活动，做每一件事情都有其目的性，希望得到某种有益的结果，这种结果就是效益。效益原理是指人们在管理活动中，把效益和效率作为整个管理活动的基本目标，避免无效劳动，得到最佳效果。根据这一原理，跨海重大交通基础设施建设管理者在管理过程中，无论对管理目标的筹划，还是对管理活动的组织和控制，都必须从技术的先进性、经济的合理性和社会的效用性出发，综合考虑管理系统的内在联系和外部环境，努力以较低的消耗，获得最佳的效益。

2. 系统原理

系统原理就是要把企业看成一个系统，要用发展的、联系的观点看待企业生产经营活动中的每一环节、每一要素、每一层次，正确处理要素之间、要素与整体之间的关系，保证企业系统最大限度地保持整体优化状态，以实现企业既定目标。可以说，企业管理所要解决的每个重要问题，都需要运用系统原理的方法加以指导。具体到跨海重大交通基础设施建设管理活动，应该：按照系统的整体性要求，建立项目管理系统；明确系统所要实现的项目管理目标；按照跨海重大交通基础设施建设管理系统内部的层次性和关联性来建立管理体制和管理机构并进行管理；使管理系统积极适应环境和改造环境。

3. 能级原理

能级原理是指无论是管理组织还是管理者，都是处在一定的能级之上。稳定的结构不等于就是均匀而连续的整体，而是一个具有不同层次、不同能级的复杂结构。现代管理活动，其任务是由集体去完成的，因而可以进行协调和组织，使每个人或单位都能按照其能量加以分级运用，按照能力大小，分别划分不同能级，并由不同能级组成一个有序的集体，去承担各种各样的管理任务。根据能级原理对跨海重大交通基础设施建设进行能级管理，必须做到：保持管理组织结构的稳定性和层次性；保持能量与级别的对应性和动态性；保持各级管理机构和各类管理人员权力、物质利益和精神荣誉分配上的层次性与差别性。

4．人本原理

人本原理认为一切管理工作都应以调动人的积极性，做好人的工作为依据。高速公路作为一个相对封闭的工作系统，其与外界的沟通点主要是收费站，为司乘人员提供文明、快捷、优质的服务是其主要的工作目标。在提供服务方面，人所发挥的能动作用是任何机器设备都无法替代的，无论其现代化程度有多高，人总是管理的主体，在加强硬件建设的同时，积极倡导“人本为主”的管理理念对高速公路的运营管理是十分必要的。具体地说，管理者应遵守以下几个原则：

（1）协调原则：人才的培养、使用和管理，必须与高速公路管理系统的目标和对人才的要求相协调，以便组合成最佳的人才群体结构。

（2）个体原则：人才管理的关键在于既能适应每个人才的个性特征，各随其念，又能充分发挥其才华。

（3）互补原则：包括个性特征的互补、年龄精力的互补、知识技术的互补和组织才能的互补。

（4）能级原则：在人才管理中，按照人才的不同能级，把他们放在相应的位置上，使之相互协调，并动态地对应。

（5）竞争原则：在人才管理中，要适当造成一种竞争环境使人才或人才群体之间通过竞争迸发出新的创造力。

（6）激发动机原则：要调动人才的积极性，必须有效激发他们的动机，充分考虑他们对社会、对上级、对组织的正当需要，并尽量满足他们合理的物质、精神需要，以利于持续调动人的积极性与创造性。

5．弹性原理

弹性原理认为应在管理过程的诸要素之间，保持适当的机动余地，以便及时适应客观事物各种可能的变化。跨海重大交通基础设施建设管理中贯彻弹性原理，应注意以下几个方面：

（1）在阶段或年度计划的制定上，要有较大的机动性和适应性。

（2）在管理方案的决策上，要有选择的余地。因为达到管理目标的方案不可能是唯一的，故在决策过程中必须制订多种可选择的方案。

（3）管理方案本身也要有适当的回旋余地。由于跨海重大交通基础设施建设管理环境千变万化，十分复杂，各种意外情况（如恶劣气候、政府政策变化等）都可能发生，故方案本身应考虑到各种可能发生的情况，并制定出各种不同的应变措施。

（4）在管理机构的设置上，要能适应跨海重大交通基础设施建设发展的趋势和管理任务的变化，以有利于今后的调整和完善。

4.2｜管理组织专业化

改革开放以来，我国公路交通事业取得了举世瞩目的发展成就，公路工程建设管理理念也发生了巨大而深刻的变化，由传统工程管理模式向现代工程管理体系转变的速度、广度和深度前所未有，公路现代化建设的进程明显加快。公路现代化建设，既有宏观层面的任务、内容与特征体现，又有微观层面的任务、内容与特征体现。作为公路建设现代化的主要任务，在宏观层面的经济市场化、政策规范化等均展现出显著的成果。而随着工程管理模式从传统走向现代，工程涉及专业分化的程度也逐渐提高，工程管理的分工也日趋复杂、精细，工程管理分工精细化、部门专业化成为现代工程管理的重要特征，是推行现代工程管理的重要任务和必然要求。因此，跨海重大交通基础设施建设单位必须主动适应现代化管理模式的要求，加快专业化发展的进程。

4.2.1 管理目标专业化

公路项目建设是一个复杂的系统工程，其建设管理的主要内容是实施“三控制两管理一协调”，因此工程管理水平的高低，同时影响工程进度、工程质量和工程投资控制。公路项目的管理具有以下特点：

（1）一次性投资大，单位工程多，参建单位多，涉及范围广泛，进度制约因素复杂，不确定因素多，这些都直接影响工程进度计划的整体实施。

（2）当前公路建设均要求土建、交通安全设施、机电工程（联网收费、监控、通信）和附属设施等在批准工期内同步完成，但工程实践中多按照路基桥涵、路面、房建、机电工程的顺序依次招标开工，施工交叉多，使工程管理面临诸多困难。

（3）目前，我国公路工程管理领域缺乏成熟、系统的理论和方法，无法满足当下公路项目建设大发展的需求。

事实上，几乎所有的公路工程管理者的建设目标都是一致的，即：以最小的成本投入、最高的建设效率，取得最好的建设成果。然而，随着公路项目规模的日趋扩大及技术工艺复杂性程度越来越高，专业化分工越加精细，工程投资、工程进度和工程质量三者之间往往形成一种此消彼长的复杂关系。因此，如果在项目建设初期，管理人员没有详细审慎地综合考量拟建项目的主客观条件，没有确定有针对性的、可实施性强的具体的约束性指标，在实际建设过程中就容易陷入分不清主次、眉毛胡子一把抓的被动局面。

跨海重大交通基础设施工程规模宏大、建设条件极其复杂、技术难度高、建设品质要求高，因此需要在明确项目建设总体目标和思路的前提下，进一步厘清项目在设计、质量、安全、创新、进度、合同、投资、环保、采购、信息管理等细部环节的具体目标，做到条块分明、界面明确，从建设前期即确保走在创建“平安百年品质工程”的轨道上。

4.2.2 管理体系专业化

跨海重大交通基础设施项目建设目标确定后，应成立对应的项目团队予以执行，对项目团队的工作，必须从开始就要清晰界定团队的目标与边界，并建立相应的组织结构与之相适应。项目组织对项目过程中使用的资源进行计划、组织、指挥、协调和控制，对项目的时间、成本、费用、质量等多方面进行管理。因此，确保工程项目管理体系的专业化，是又好又快地达成建设目标的重要基础和组织保障。

1．设置原则

从跨海重大交通基础设施建设管理需求分析和国内外建设管理经验来看，跨海重大交通基础设施建设管理工作是一项复杂的系统工程，健全有效的组织机构是一切管理活动的基础。因此，只有建立一个统一的跨海重大交通基础设施项目管理机构才能保证各子系统之间机制的紧密协调和大系统的有效运行。

跨海重大交通基础设施建设管理机构设置应注意以下问题：

1）超前性

项目建设过程中一般具有较完善的技术装备和较先进的科技管理手段，机构设置时不仅应当适应这种状况，而且还须具有超前意识。这是因为在科技发展日新月异的今天，跨海重大交通基础设施所拥有的先进科学技术将为其更快的发展提供强大的后劲。特别是随着计算机的普及以及现代化办公系统的应用，会加速管理观念的更新，缩减机构编制，设置机构时应当考虑到这些方面。

2）兼容性

跨海重大交通基础设施建设管理的业务涉及面较宽，各业务间有着必然的承接关系或交叉联系，很难完全分割开来。因此，在确定机构时，要充分考虑各业务间的兼容性，尽量缩小管理层面，扩大操作层面，实现机构的精干高效。

2．管理体系结构设计

从跨海重大交通基础设施建设管理需求分析和国内外跨海重大交通基础设施建设管理经验来看，跨海重大交通基础设施建设管理工作是一项复杂的系统工程，健全有效的组织机构是一切管理活动的基础。因此，只有建立一个统一的项目管理机构才能保证各子系统之间机制的紧密协调和大系统的有效运行。而在进行管理体系结构设计时，管理幅度、管理层次与体系结构的基本形态是主要考虑因素。

管理幅度是指一个管理人员能有效地直接领导和控制下级人员数量。管理层次是指组织内纵向管理系统所划分的等级面。一般情况下，管理幅度和管理层次成反比关系。扩大管理幅度，有可能减少管理层次；反之，缩小管理幅度，就有可能增加管理层次。越往上层，决策性和组织性的工作越多，需要更多地调查研究和分析思考，因而管理幅度应小些；越往下层，执行性和日常性工作越多，因而管理幅度可以大些。

管理幅度受许多方面因素的影响：有领导者方面的因素，如领导者的知识、能力、经验等；也有被领导者方面的因素，如被领导者的素质、业务熟练程度和工作强度等；还有管理业务方面的因素，如管理业务的复杂程度、所承担任务的绩效要求、工作环境的稳定性以及信息的沟通方式等。因此，在决定管理幅度时，必须对上述各方面的因素予以综合考虑，根据组织自身的特点来确定适当的管理幅度和相应的管理层次。管理层次与管理幅度的反比关系决定了两种基本的管理组织结构形态：扁平结构形态和锥形结构形态。

在早期的管理组织结构中，通常管理幅度较窄而管理层次较多（锥形结构），其优点是分工明确，便于实施严格控制，上下级关系容易协调；缺点是管理费用较高，信息沟通较困难，不利于发挥下级人员的积极性。随着管理组织不断革新和发展，管理较宽、管理层次较少的管理结构（扁平结构）越来越多地被接受，其优点是管理费用较低，信息沟通方便，有利于发挥下级的积极性，缺点是不易实施严格的控制，对下属组织人员的相互协调较困难。

在实际工作中，跨海重大交通基础设施建设管理组织在进行机构设计时应扬长避短，尽可能地综合两种基本组织结构形态的优势，同时摒弃其局限性。

4.2.3 打造全方位品质管理体系

古语云：“举一纲而万目张，解一卷而众篇明。”跨海重大交通基础设施建设条件复杂，参建人员众多，社会关注瞩目，其建设难度相较于普通工程呈指数级增长。不过，千头万绪，只要抓好“管理”这一环节，便能将人、机、料、法、环、测等工程建设要素如珍珠一般串起来，打造出一件完美的艺术品。

跨海重大交通基础设施“平安百年品质工程”管理体系的构建总体思路是：以建设世界一流可持续跨海通道为目标，以设计为龙头、质量安全为核心、技术创新为灵魂（工程控制核心要素）；以投资管理、进度计划管理、HSE管理、信息管理、采购管理、风险管理等（工程管理基本要素）为手段和载体；以组织建设、专用技术标准、管理制度及文化建设为保障，构建4级现代工程管理体系框架，实现智慧交通、绿色交通、平安交通（图4-1）。

在具体推进过程中，跨海通道项目应秉承现代工程管理理念，建立现代化工程管理制度体系，从前瞻、专业、开拓、求实、共享的视角，开展项目管理总体策划，明

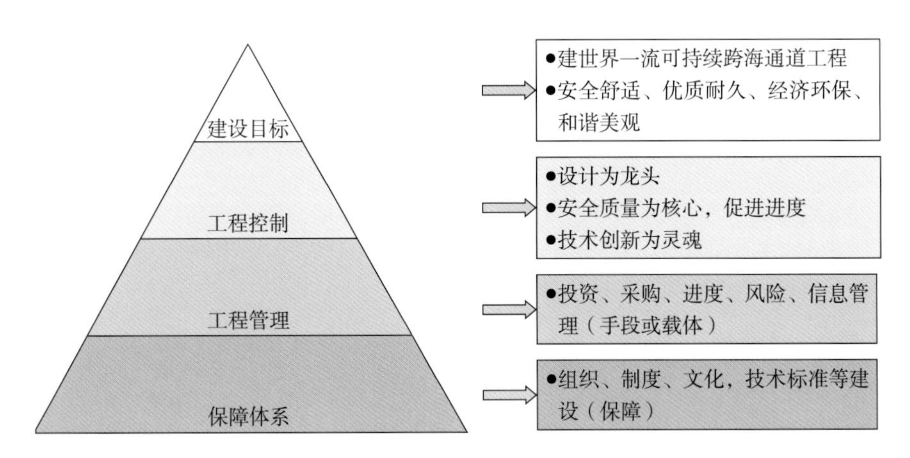

图4-1 跨海重大交通基础设施管理体系图

确工程控制与管理的各项目标及措施，并梳理好“一桥各方”的各项职责，打造全方位品质管理体系。

1．工程控制目标及保障措施

1）从设计源头上打造“平安百年品质工程”，为公众出行提供安全、舒适、高效的高品质交通功能服务

树立设计是龙头建设方针，坚持系统工程观、价值工程及需求引领的建设理念，提升工程功能质量、服务质量及工程本质安全。倡导设计创作，体现工程与自然、人文的和谐、融合与共享，提升工程品位。强化全生命周期设计、建管养一体化设计，保障工程耐久性。创新设计施工模式，增强工程可实施性。以高素质的设计（咨询）团队为核心要素，以设计全过程管理及质量保证体系为保障，以科技为支撑，确保设计成果的高品质，从源头上保障工程结构安全、使用安全。

主要保障措施包括：

（1）坚持功能需求引领的设计理念及绿色选线原则，合理选择项目路线走廊、路网衔接形式及技术标准，提升项目功能质量、服务质量、绿色质量。

（2）坚持系统工程观及价值工程理念，科学确定项目建设条件及工程方案，满足相关各行业可持续发展要求，在此基础上，多方案比选择其优，确保推荐工程方案可实施性、风险可控性、规模适度性，提高工程结构安全及使用安全、施工安全。

（3）强化运营安全及建管养一体化设计，提升服务质量。

（4）倡导设计创作，开展方案设计国际竞赛及坚持建筑与结构设计相结合的理

念，全面提升项目工程“品位”。

（5）强化全生命周期设计理念，从源头上保障工程耐久性。

（6）创新设计施工模式，对于复杂工程建立施工+设计联合施工图设计模式，充分发挥施工单位的装备优势及施工工艺创新能力，增强工程可实施性，有效降低工程施工风险。

（7）建立设计全过程质量保证体系，实现精益设计。借鉴施工过程管理的成熟经验，建立设计全过程质量保障机制，即设计单位校审、设计咨询审查、法人管理、政府审查四级设计质量保障体系，在法人管理环节，引入专项咨询制度，组织对各设计阶段的总体设计、设计输入、中间成果、设计送审稿成果等进行设计质量过程控制，并组织对关键技术问题进行专项研究或咨询，在设计阶段开展施工组织设计，加强过程控制，确保设计成果的高品质。

2）内优外美，实现工程全生命周期的耐久性

坚持“百年大计，质量第一”的建设方针，推行“标准化、工业化、智能化、精细化”建设理念，建立健全质量控制保证机制以及质量风险预防机制，以人员素质为基础，以质量保证体系为保障，以设备、工法、工艺为核心，实现精益建造，提升工程质量，保障工程耐久性。

主要保障措施包括：

（1）推行“标准化、工业化、装配化、智能化、精细化”建设理念，有利于质量控制的实施，全面提升工程质量水平。全面推行设计标准化、临建设施建设及文明施工标准化、施工管理标准化及施工安全标准化。

（2）推行智能制造，实现构件工业化、信息化生产，提升质量、工效水平。

（3）在现行国家、行业标准基础上，综合国内外类似项目建设经验及本项目科研成果，形成项目专用技术标准体系，对项目设计、建设、运营全过程形成技术支撑，保障工程全生命耐久性。

（4）建立健全质量控制保证机制及质量风险预防机制，操作有程序，保障实体质量。

（5）加强过程质量控制。坚持目标导向及问题导向，严控原材料质量。抓住各分项工程实体质量控制的关键因素，钢筋工程及预应力工程实现消除质量通病，钢结构工程通过智能制造保障焊缝及涂装质量100%合格，水工工程及沉管隧道基础、沉放工程践行“以设备促工艺、以工艺（工法）保质量、以质量提品质”理念，应用定型化、专业化施工设备，应用或创新工艺、新工法，以工艺（工法）标准化促进施工标

准化，发挥标准化对“平安百年品质工程”建设的支撑和保障作用。

（6）推进工程管理信息化。探索“互联网+交通基础设施”发展新思路，推进大数据与项目管理系统深度融合，建立以BIM技术为基础的项目管理平台，逐步实现工程全生命周期关键信息的互联共享以及参建各方工作协同，推行“智慧工地”建设。

（7）以需求为引导，全面提升实体工程外观质量。

（8）以人为本，培养产业化工人，全面提升施工班组专业能力，培育工匠精神。

3）提升工程安全保障水平，风险可控，实现平安交通

树立本质安全理念，提升工程安全服务水平，保障运营期使用安全及结构安全。强化工程系统化安全管理策划，建立健全工程安全生产管理体系，落实安全责任制。建立安全风险分级管控和隐患治理双重预防体系。推行施工安全标准化，深化平安工地建设。加强海上施工通航安全监管，实现“三个安全”（施工安全、结构安全、使用安全）及安全生产零责任事故，创国家级“平安工程”。

主要措施包括：

（1）树立本质安全理念，采用新技术、新标准及科学运营管理（如限制危险品车通行、安全运行监测与预警系统）提升工程安全服务水平，保障运营期使用安全及结构安全。

（2）加强工程安全风险管理基础体系建设，推行工程安全生产风险管理，建立安全风险分级管控和隐患治理双重预防体系，推动重大安全风险管控和重大事故隐患治理清单化、信息化、闭环化动态可追溯管理，夯实安全管理基础。

（3）加强施工安全标准化建设，落实安全生产责任制，健全安全工作制度，强化安全管理和风险预控，加强隐患排查治理，提升针对性应急处置能力，确保施工安全。

（4）建立智慧海事体系，加强通航安全管理工作。

4）着力攻克解决跨海重大交通基础设施在设计、施工、运营和管理上存在的技术瓶颈问题，保障工程质量安全水平

坚持需求及目标引导科技创新理念，大力推广性能可靠、先进适用的新技术、新标准、新装备、新工艺、新材料，建立科研、施工、设计、装备四位一体机制，着力攻克解决跨海重大交通基础设施在设计、施工、运营和管理上存在的技术瓶颈问题，为建设畅通、安全、高效、绿色的桥—隧—岛—水下互通综合集群工程提供坚实的科技支撑，提升工程质量安全水平。

主要措施包括：

（1）积极应用新技术、新结构，并结合试验研究成果相应创建新标准。

（2）结合建设条件，研发新装备，降低施工风险。

（3）创新施工工艺，主要包括：钢壳混凝土沉管隧道自密实混凝土施工工艺、大直径钢围堰在风化岩层振沉及止水施工工艺、U肋双面焊接工艺、钢筋部品化施工工艺、环氧钢筋部品化施工工艺等，提升项目施工效率、施工安全及使用安全。

（4）围绕关键技术问题，在建设全过程实行科研先行，创建科研、设计、施工、装备四位一体互动机制，真正让技术创新为设计、施工、管理养护一体化服务，并建立科研单位研究、设计施工单位验证、法人管理、政府考核与验收质量保障机制。

2．工程管理目标及保障措施

1）进度计划管理

制定工程项目进度计划的目的是控制和节约项目时间，而跨海重大交通基础设施的主要特点之一就是有严格的时间限制，由此决定了进度计划在项目管理中的重要性，通过计划可以研究工程项目的阶段工期和分析总工期目标要求能否得到保证及应采取的措施。通过进度计划将工程项目目标进行分解，落实责任。通过落实阶段性的施工计划，保证总体施工计划目标的实现；利用进度计划，科学组织和安排，可以保证项目施工有秩序地进行。进度计划既是施工现场人、机、料等资源进场准备的前提，又是评价和检验项目施工状况的标尺。在现代工程项目中，没有周密的计划，或计划得不到贯彻和保证，项目是不可能取得成功的。进度计划是工程项目施工过程中最重要的组成部分，是编制成本计划、质量控制计划的基础。

跨海重大交通基础设施在实际工程建设过程中，应结合自身项目特点，综合比较不同进度计划编制方法的利弊，选择适宜的计划编制方法，建立以按期通车为目标的进度计划控制保证机制，以工期为目标科学划分施工标段，科学优化施工组织设计，科学平衡交通工程与土建工程的施工进度，采用创建劳动竞赛等进度激励措施，确保工程按期建成通车。

2）合同管理

跨海重大交通基础设施的建设较为复杂，建设过程中涉及道路工程、隧道工程、桥梁工程、人工岛工程、交通工程、机电工程、机械设备工程、综合管网工程、建筑工程、景观工程等专业设计和施工活动，需要各种材料、设备、资金和劳动力的供应。跨海重大交通基础设施建设的总目标是通过各种工程活动的实施实现的，如勘察设计、各专业的工程施工、设备材料的采购、工程监理、其他有关咨询活动（可行性研究、招标投标等）。建设单位将这些工作以合同的形式委托出去，以实现公路工程建设的最终目标。

合同管理的目标是以合同为载体，推进参建各方“共赢”的建设理念，各方充分认识目标、理解目标、执行目标，从而达到“平安百年品质工程”建设目标。跨海重大交通基础设施建设单位应科学设置大标段，按照时序性、专业性及集约化原则对桥、岛、隧工程科学划分施工标段，引入充分竞争，极大地发挥专用海上大型装备的工效，达到既保证施工质量又有效控制工期及造价的目的。合同条款设置既严密又体现项目特点和人性化管理，做到“共赢”的建设理念。

3）投资管理

跨海重大交通基础设施的投资管理内容包括分解和落实项目实施过程中的责任成本，并制定成本计划和确定成本目标，从投资管理的七大环节即成本预测和计划、成本决策、控制、核算、考核和成本监督的全过程来实现对公路施工项目投资的有效管理。

依据投资管理的主要内容，跨海重大交通基础设施可以对投资管理的目标及任务进行细化，形成指导现场施工的具有可操作性的办法：首先，综合考虑工程项目的利润目标，根据相关的成本资料和信息，做出对成本的预测和决策；其次，根据预测和决策的结果，对成本目标进行分解之后编制详细的可操作的成本计划，该成本计划将成为项目实施过程中对成本进行有效管理的重要依据；然后，按照决策阶段制定的成本计划，有效地把各项成本、费用控制在允许波动的标准范围内，并防止资源的浪费和损失，促进对成本计划的有力执行，从而降低成本；最后，在成本核算环节中，客观公正地反映项目成本目标的完成情况，为日后的投资管理提供良好的借鉴和指导。

跨海重大交通基础设施在实施过程中所消耗的各项费用支出就是投资管理的对象。其内容既包括内部管理所需要的现在和未来的成本，也包括财务会计计算的历史成本。其目的是通过合理地使用人、财、物等资源，降低成本，提高效益。跨海重大交通基础设施施工投资管理的对象最终体现为费用资金的流出。针对不同项目，投资管理对象差异很大。相较于实施过程复杂的项目，实施过程简单的项目的投资管理过程更为简单一些。实施过程复杂的项目在进行投资管理时，所考虑的因素往往更多，投资管理的对象不仅包括项目企业内部的各种因素，还包括和项目有关的外部所有因素，如社会物价波动、筑路材料供求关系、人力资源状况以及项目所在地的民风民俗等。

因此，跨海重大交通基础设施投资管理的目标为：项目投资控制在初步设计批复概算内，力争各分项工程费用控制在对应批复概算内。为此，需要在初设阶段深入开展施工组织设计，科学确定项目概算，合理确定项目建设技术标准，控制投资规模，抓住影响建设期工程造价的关键环节（如抛泥区、大型专用设备的工效提高），并开展专题研究，合理划分标段和建立有效控制投资为目标的投资控制保证机制。

4）安全环保管理

项目建设过程确保无安全、健康责任事故，创建“平安工程”，使项目建设与自然环境和谐统一，从而实现人与工程、人与环境、工程与环境和谐共处。

主要保障措施包括：

（1）实行工程建设人本化理念，注重建设者安全、健康及环境保护需求，建立以人员健康、资源节约、环境友好和工程安全为目标的控制保证机制。

（2）建立海上安全工程理念，与海事、环保、渔业、水利等部门建立良好的协调机制，推行海上施工安全工程管理机制。

（3）推进项目巨量疏浚物的综合利用，实现资源节约。

（4）将安全环保作为约束性目标，健全预报、预警、预防和应急救援体系，落实好各项保护措施。

（5）要求各参建单位建立完善的安全环保管理体系并实行审查制度。

5）采购管理

采购管理目标是采用合法合规的采购方式，实现合理价格购买优质服务或优质产品的目标。一方面，采购前应充分做好市场调研，合法合规合理制定采购条款及价格；另一方面，应与主管部门做好充分沟通与协调。

6）基于BIM技术的信息管理目标

基于BIM技术的信息管理目标是构建基于BIM技术的跨海桥、岛、隧及水下互通集群工程项目全生命周期信息管理平台，借助现代科技管理手段，依托信息化管理平台，有效地实现建设项目全过程信息的创建、管理和共享，提高管理水平和效率，降低管理成本。跨海重大交通基础设施在设计阶段就应构建BIM管理协同平台，同时在设计、施工合同中要求各参建单位建立BIM，并实行审查制度。

3.“一桥多方”职责划分

我国桥梁建设管理模式经过三十多年的发展，从最初的建设、设计、施工、监理

“一桥四方”发展到以苏通大桥为代表的建设、设计、施工、监理、科研、咨询、海事“一桥七方”，再到横跨三地的世纪工程——港珠澳大桥的“一桥十方”，管理模式中多主体的综合集成化趋势日益明显，“一桥多方”形成一股合力，发挥出强大的群体性效应。这种综合集成化的组织治理体系从全局高度把握复杂桥梁工程，实现对工程建设的高效组织和协调。

跨海重大交通基础设施作为国家重点建设项目，由国家批准立项，交通运输部作为行业主管部门行使重点项目立项审查和建设指导、技术标准规范的颁布、国家级科技项目组织实施等管理职能；各级政府对工程项目进行督查和监管；海事、环保等部门针对海洋、水文、生态环境问题提供专业服务和技术支持；在具体实施过程中，业主负责工程的建设管理，项目公司负责融资，设计联合体负责初步设计、施工图设计以及后续的设计变更，施工方负责工程建设，科研方主要负责技术攻关，咨询公司提供智力支持，供货商负责材料设备供应，监理接受业主委托对工程的质量、进度等方面对建设单位进行监督。

现场参与方众多，各主体各司其职，共同作用，影响工程项目的发展，成为跨海重大交通基础设施现场管理体系中的重要组成部分。现场各方之间关系复杂，又密不可分，某一环节协调出错，将直接影响下一环节甚至整个工程的成败。经过长期实践，我国跨海重大交通基础设施建设形成了省部协调领导–专家技术支持–业主建设管理–各方参与的多层协调系统。

由于主体之间存在复杂关联，工程建设各个部门之间是网络的，甚至是全局的，工程中某一个局部因素可能影响到工程许多部分，从局部性变成全局性，从微创性变成灾害性。因此，各单位必须深度介入，梳理各个主体的互动关系，形成相互协作和资源整合的整体非常重要。

在跨海重大交通基础设施的建设中，业主采用各种手段使多主体通过行为配合、工序配合、任务配合等多种合作协调方式促使工程现场有序、高效、高质量进行，而在业主的协调和计划下，各主体之间也存在横向互动，最终形成“业主主导–各主体协作”的多主体协同建设环境。

1）管理中心主要职责

跨海重大交通基础设施管理中心应贯彻国家和交通主管部门有关工程建设的方针、政策、法规，按照批准的设计文件、建设工期、环保要求及工程投资，科学组织设计及建造，确保项目管理达到设定的目标。建立由管理中心负总责、各参建单位分工负责的组织模式，在严格执行合同的基础上，推行协同、共赢的关系理念，对参建单位实行统一管理。围绕建设目标，建立专用标准体系和项目管理制度体系，并将之纳入合同，强化和落实激励约束相容的合同机制，并在实施中持续改进。建立高效的综合集成管理机制和信息管理系统，建立管理中心与设计、咨询、施工、监理等单位便捷的工作机制和沟通机制，及时协调和沟通工程建设中的相关事项。

2）设计单位

设计单位应遵循以下原则：

（1）人本化、专业化、标准化、信息化、精细化。

（2）为用户提供安全、舒适、快捷的交通功能服务，并实现项目工程方案与周边自然环境、城市规划总体协调。

（3）坚持标准化、工厂化、装配化、专业化、集约化的原则。

（4）以方案设计国际竞赛优胜设计方案第一名为基础方案，并充分吸收竞赛优胜方案精华。

设计单位应透彻了解跨海重大交通基础设施项目特点以及各设计阶段工作特点，理解并全面掌握项目拟采用的设计标准、技术规范及项目专用技术标准。精确勘察、精心设计，提交高品质设计成果，实现工程设计的经济效益、社会效益和环境资源效益和谐统一。严格执行国家有关政策、法律、法规和行业标准，编制初步设计和施工图及施工图联合设计文件，建立健全勘察设计质量责任制，保证设计文件内容和深度达到合同要求，并确保勘察设计文件完整、真实、准确，满足工程建设质量、投资控制、安全生产管理等要求，确保设计水平达到国际水准。设计过程中应主动、积极配合咨询人/其他审查单位的工作。在工程施工前，及时组织向监理人、承包人进行技术交底，详细说明工程设计意图，解释有关设计文件，明晰施工注意事项。在工程施工过程中，要及时配合承包人，解决施工中出现的勘察、设计问题，完善和优化勘察设计，按规定办理变更设计。

3）咨询单位

咨询单位应按照国家有关法律、法规和行业标准、批准的设计文件、跨海重大交通基础设施管理中心发布的专用标准体系，在签订的咨询合同授权范围内对合同约定工作进行咨询，承担咨询责任。组织高水平的咨询队伍实施咨询工作，严格执行咨询合同及相关规范，建立健全咨询工作质保体系，确保所提供的服务和成果达到国际水准。

4）监理单位

监理单位应按照国家有关法律、法规和行业标准、批准的设计文件、跨海重大交通基础设施管理中心发布的专用标准体系，在签订的监理合同授权范围内，代表跨海重大交通基础设施管理中心对工程施工实施监理，承担监理责任。抓好监理队伍建设，组织高水平的监理队伍实施监理工作，严格执行监理合同及规范，落实过程监控措施，确保产品品质达到国际水准。兑现投标承诺，按照跨海重大交通基础设施管理中心有关要求开展监理工作，行使部分建设管理职能，落实工程监理的控制性、监督性和协调性措施。依据施工合同规定的工期、质量、安全和工程造价等，从组织、经济、技术、合同等多方面积极采取措施，对工程建设施工全过程进行监督和控制。

5）施工单位

施工单位应严格执行国家有关法律、法规和行业标准、批准的设计文件、跨海重大交通基础设施管理中心发布的专用标准体系，接受有关部门和跨海重大交通基础设施管理中心、监理单位的监督检查，依法承担各项工程建设责任。工程产品品质必须达到跨海重大交通基础设施管理中心发布的专用标准体系要求。坚持安全第一、预防为主、综合治理的方针，对施工现场安全、环保、职业健康负总责，确保安全生产，确保环保、职业健康达到相关要求，对施工管理全面负责。针对施工的复杂性和特殊性，建立健全涵盖各施工要素的有关管理制度和标准，建立健全规范、系统、具有可追溯性的涵盖各施工要素的内控机制和责任机制，配置专业化、系列化的现代机具装备，组织高水平的施工人才，推行严密的、精细化的施工管理方法和手段，形成标准化、工厂化、专业化的施工方法，确保施工技术和产品品质达到国际水准。按照安全、经济、环保、有序的要求，全面开展文明工地建设，确保营地建设及现场管理达到国际水准。

4.3 | 管理体系标准化

我国国家标准《标准化工作指南 第1部分：标准化和相关活动的通用术语》GB/T 20000.1—2014中对“标准”的定义是：“为了在一定范围内获得最佳秩序，经协商一致制定并由公认机构批准，共同使用和重复使用的一种规范性文件”。根据此定义，“标准”的含义包括以下几个方面：

（1）从形态上来看，标准是一套对行为或行为结果具有指导性和约束性的规则体系，是以规章、规则、制度、规范等文件形式体现制定主体权威性及制约性的文件系统。

（2）从实施主体来看，标准的制定者和实施者必须是经特定行业内部协商，并达成共识的权威机构。

（3）从应用层面来看，标准应具有统一性和重复性两个基本特征，即以规章制度形式存在的标准已经制定，应对其所约束的对象具有一致的规范效力，且一旦颁布下发将多次重复使用。

（4）从制定目的来看，标准的最终目标是实现在特定领域内部的最佳持续，从而达到资源利用最优化。

对应“标准”，《标准化工作指南 第1部分：标准化和相关活动的通用术语》GB/T 20000.1—2014对“标准化”的定义是：“为了在一定范围内获得最佳秩序，对潜在问题或显示问题制定反复使用和共同使用条款的活动。”该定义同样包括以下几点内涵：

（1）标准化是一种动态过程，是一个从制定规范到规范的落实及不断修缮的动态过程，这个过程通过对标准的重复使用，不断完善从而使某一领域的特定行为呈现出螺旋式上升的良性态势。

（2）标准化是一个系统工程，在制定规范和落实规范的全过程中考虑到标准的可行性、经济性、可持续性和适配性。

（3）标准化的重心是遵循规范，能让标准化持续落实的唯一途径是各行为主体和行为客体都能围绕规范、落实规范、遵循规范。

对于跨海重大交通基础设施建设管理活动而言，标准化管理制度是通过制定和完善项目建设全过程中的各项规章制度，形成规范化、格式化、标准化、程序化的制度文件体系。主要包括项目前期的拆迁管理制度、招标投标制度、设计管理制度，以及项目实施过程中的技术管理制度、安全管理制度、质量管理制度、进度管理制度、投资管理制度、计划统计管理制度、物资管理制度、机械管理制度、合同管理制度等项目目标管理制度，以及项目全过程管理中不可缺少的支持辅助制度，包括例会管理制度、环保管理制度、廉政建设管理制度、监理管理制度等内容。

4.3.1 建设制度标准化

项目专用技术标准及管理制度是实现建设目标的保障。

1. 专用技术标准

专用技术标准包括：项目专用设计指南、标准、手册；项目专用施工工艺及质量控制指南；项目专用质量验收标准；运营阶段专用运营维护手册。

技术标准体系涵盖项目全生命周期，对项目设计、建设、运营全过程形成技术支撑。项目设计成果及建设成品形成过程，均需要遵循项目专用技术标准。

在现行国家、行业标准基础上，跨海重大交通基础设施应综合国内外类似项目建设经验及成果，形成项目专用技术标准体系，对项目设计、建设、运营全过程形成技术支撑。跨海通道项目专用技术标准体系主要为项目专用设计标准、规范、指南、手册；项目专项施工工艺（工法）及质量控制技术要求、指南；项目主要原材料的技术要求及控制标准；项目各分项工程质量验收标准；项目运营管理手册、指南等（表4–1）。

跨海通道项目专用技术标准体系一览表　　表 4–1

专业	阶段	标准/指南/手册	备注
隧道	设计	（1）超大断面特长海底沉管隧道通风卫生技术标准 （2）超宽沉管隧道消防及防灾救援技术标准	通风及防灾
		（3）钢壳混凝土沉管隧道结构设计指南 （4）钢壳混凝土沉管隧道抗震设计指南 （5）钢壳混凝土沉管隧道管节及接头防火技术指南 （6）钢壳混凝土沉管安装技术标准	钢壳结构设计
		（7）沉管隧道合理建筑限界论证	建筑限界
		（8）水下互通立交设计技术标准/指南	地下互通
	施工工艺及质量控制	（1）高稳健性、低收缩自密实混凝土制备及施工关键技术指南 （2）高稳健性、低收缩自密实混凝土施工工艺及质量控制标准指南 （3）钢壳自密实混凝土结构质量检测技术指南	钢壳混凝土
		（4）钢壳管节精度控制体系技术指南 （5）钢壳管节智能化制造工艺技术指南 （6）钢壳管节智能焊接及涂装工艺技术指南 （7）钢壳制造BIM技术推广应用指南	钢壳制造

续表

专业	阶段	标准/指南/手册	备注
隧道	施工工艺及质量控制	（8）DCM施工工艺及质量控制指南 （9）DCM施工质量检测技术	DCM
		（10）挤密砂桩施工工艺及质量控制指南	挤密砂桩
	施工质量验收标准	（1）钢壳管节制造质量验收标准 （2）钢壳沉管隧道混凝土质量验收标准 （3）DCM施工质量验收标准	沉管隧道及基础施工
	运营	钢壳混凝土沉管隧道运营维护手册	钢壳隧道
桥梁	设计	台风区海上超大跨径悬索桥超高桥面抗风安全设计指南	抗风
	施工工艺及质量控制	（1）正交异性钢桥面板U肋双面焊施工工艺及质量控制指南 （2）钢箱梁智能制造施工工艺及质量控制指南 （3）海中超大跨径悬索桥施工控制标准	钢结构
	施工质量验收标准	正交异性钢桥面板U肋双面焊质量验收标准	钢结构
	运营	（1）海中超大跨径悬索桥运营维护手册 （2）跨海长桥行车安全性评价	桥梁运营安全
人工岛	运营	海中人工岛运营维护手册	人工岛
通道运营安全		（1）危险货物道路运输突发事件应急救援手册 （2）桥岛隧跨海集群工程交通运营安全管理手册 （3）恶劣气象条件下行车安全管控技术指南 （4）岛桥隧跨海集群工程运行速度智能控制技术指南 （5）跨海通道及周边路网事件条件下智慧应急管控技术指南	运营安全
耐久性设计		（1）沉管钢壳耐久性防护技术设计指南 （2）混凝土结构耐久性设计指南 （3）钢箱梁耐久性防护技术设计指南	耐久性
混凝土施工质量		（1）混凝土施工质量控制指南 （2）海洋环境下大体积混凝土控裂关键技术及质量控制指南	混凝土质量
装备研发		（1）钢壳混凝土沉管隧道脱空检测装备研发 （2）超大体量沉管管节浮运、安装、沉放对接一体化装备研发 （3）快速碎石整平专用船研发	浮运安装装备及混凝土脱空检测装备
全生命周期BIM应用		（1）跨海通道设计BIM交付标准 （2）跨海通道BIM模型分类及编码标准 （3）跨海通道全生命周期BIM应用标准 （4）跨海通道全生命周期BIM实施导则	信息技术

2. 项目专用管理制度体系

项目专用管理制度包括建设管理制度体系文件（设计及建设阶段）及运营管理制度体系文件（运营阶段）两个部分。专用管理制度将在全生命周期内对本项目形成管理支撑。

项目建设管理制度体系文件包括管理总纲要、纲要、管理办法及内部管理制度4级文件组成。项目管理总纲要是项目建设管理纲领性文件，体现项目法人对项目系统管理思想，主要包括建设目标及理念、项目建设总体思路、项目建设管理体系框架及总体实施计划；纲要主要是对工程控制核心要素及工程管理基本要素提出管理目标、总体思路及保障措施；管理办法主要是明晰各管理要素项目法人内部及项目法人与参建单位之间业务流程；内部管理制度是用于明晰项目法人内部员工的业务流程。

4.3.2 临建设施标准化

参考、吸纳交通运输部、国内各省高速公路施工标准化指南等相关经验成果，依据“工厂化、集约化、专业化”原则，以《“两区三厂”建设安全标准化指南》为依据进行施工场站规划选址，施工过程中加强施工场站、施工工艺、施工装备、工程造价等内容标准化管理，加强考核。

工地建设标准化主要包括驻地和施工现场的标准化。按照“满足功能、符合需求、集约高效”的原则，依地形分为山区和平原两大类具体设置，做好规模适度，不贪大、不攀比。实行“四统一、三集中”，即统一施工监理驻地、工地试验室、施工便道、标志标牌的建设标准，混凝土拌合、钢筋加工、混凝土构件预制采取集中作业方式，初步达到作业环境、材料制备、产品质量“三优良”。

驻地建设按照标准化要求，人员机构设置应分工明确，专业高效；信息化设施配备应科学齐全、安全耐用；办公、生活用房应坚固实用、美观整洁；工地试验室功能齐全、安全便利，从而改善生产生活环境，将工地环境由散乱不整转变为集约文明，充分发挥集约化施工的优势，以经济使用为根本，走环保节约的路子。

施工现场按照标准化要求，场站建设划分合理；场地硬化要求严格；设施设备功能齐全，实现自动化控制；材料存放保护得当，避免混料；施工便道便桥畅通快捷；施工现场排水系统、安全防护设施、安全标识及其他各类临时设施设置规范，从而实现工厂化生产、机械化施工，消除安全隐患，文明施工。

两区三厂、便道便桥等大型临时设施建设程序完善，预制场、钢筋加工厂、拌合站实现三集中，科学规范，安全实用，功能分区合理；便道、便桥科学规范，主要场站管理符合安全文明施工和环保要求。

积极推行工点工厂化管理，现场施工区域分区合理，分界明显，标志标牌设置规范、统一；推行6S管理，材料、半成品、成品、废料、小型机具等摆放整齐、规范，场区整洁度较好，安全保障到位；预制场、钢筋加工场、拌合站、木工加工厂等实行封闭管理。

在工程招标中，将水上引桥上部结构架设和混凝土向量的预制化为一个标段，进行集中生产、集中架设，这样可以有效避免大型预制场重复建设、大型吊装船舶重复投入后窝工等可能引起的工程投资大幅增加，实现水上引桥标准化设计和装配式整跨箱梁大吨位、高精度、自适应吊运安装。

对于海上混凝土桥梁的施工，常用方法是钻孔平台提供作业面，钢筋半成品、水、人员、设备等生产要素通过船运至施工现场，发电机组发电来提供施工用电，拌合船生产混凝土。主要特点是施工效率较低，质量与安全管理难度大，混凝土生产、水、电与运输成本显著增加，且须开挖临时航道。若采用承台、墩身整体预制吊装方案，还须建设大型预制场，租用多艘大型浮式起重机，综合成本更高。因此，可以考虑转变建设管理思路，通过搭设栈桥与钻孔平台，为钢筋半成品、混凝土、水、电、人员与设备等生产要素提供从岸上到施工现场的快速通道，将水上施工转变为陆上施工，可有效提升工程质量与施工效率，降低安全风险和工程施工组织管理难度，为跨海桥梁下部结构顺利施工提供最优保障。虽然不可避免地会增加栈桥搭设费用，但综合分析水电与运输保护成本，栈桥方案反而可以有效节约项目投资。

此外，为了保证钢筋工程和混凝土工程的加工生产质量与效率，跨海重大交通基础设施项目的临建设施建设可以从两个方面进行创新。一方面，将传统的钢筋加工棚升级改造为钢筋配送中心，实行场区全封闭、工厂化功能分区、货架式管理，引入高精度智能加工生产线，细化流水作业组织要求，通过BIM模型技术结合数控加工设备、智能焊接技术，实现钢筋数控自动化加工，显著提高智能化生产能力，大幅提升钢筋工程标准化、工厂化生产组织水平，有效保证钢筋加工的质量和精度。另一方面，将传统的混凝土拌合站进行升级改造，建立混凝土输送中心，实行场区全封闭管理，集成混凝土ERP系统、拌合站生产系统、物料管理系统、车辆管理系统等，实现混凝土生产集中控制、拌合楼无人值守、生产质量智能监控。同时配备制冰、碎冰设备，建设“风冷+水冷+冰冷”低温生产线，严控混凝土入模温度，有效提升混凝土质量水平（图4-2～图4-11）。

图4-2 钢筋集中配送中心内景

图4-3 陆上项目驻地

图4-4 海上生活平台和工地

图4-5 海上混凝土配送中心

图4-6 海上项目驻地

图4-7 移动厂房

图4-8 墩身钢筋绑扎部品后场吊装

图4-9 混凝土输送中心

图4-10 岛隧工程营地

图4-11 钢壳管节浇筑场总体布局

4.3.3 施工作业标准化

施工作业标准化是提升公路建设管理水平的有力措施，是保证工程质量安全的有效手段，是凝聚行业共识的良好平台。施工作业标准化涵盖路基、路面、桥涵、隧道、绿化及防护、交通安全与机电等各项工程，通过优化施工工艺、严格工艺管理，提高施工效率和实体工程质量。规范质量检验与控制，强化各类验证试验和标准试验，做到检测项目完整齐全、检测频率符合要求、检测数据真实可靠。加强对隐蔽工程、关键工序的过程控制和验收，确保工程各项指标抽检合格率达到规范要求。

1. 制度保障

为确保从源头落实施工标准化建设，跨海重大交通基础设施建设单位应加强管理和引导，以推行施工标准化为指导思想编制施工方案、作业指导书，且具有较强的针对性、可操作性。此外，可将施工标准化管理及考核要求纳入项目工程管理办法（例如双优竞赛管理办法、实体工程标杆评选管理办法、首件验收管理办法、“平安百年品质工程”实施方案等），通过综合大检查、专项检查、双优竞赛考核评比、标杆工程考核评比和严格执行首件验收总结等，进一步统一、规范各分项工程的施工工艺、质量控制、质量检测、资料整理等，以点带面，全线推广施工，确保施工标准化。

2．首件工程

以落实首件工程为抓手，积极推行首件工程质量与标准化管理，不仅针对工程主体结构制定首件验收考核办法，还进一步延伸至各附属工程，即各附属工程分别制定对应的首件验收管理办法。严格执行首件验收制度，总结提炼相关经验，减少不合格产品返工率。具体来说，由建设单位制定、印发《首件工程验收管理办法》和各附属工程首件验收管理办法，由建设单位、监理单位联合组成验收小组，对工程实体质量实行首件验收，达不到首件标准或在后续施工中出现质量下滑的，将重启首件验收程序。此外，可以根据工程项目进展，陆续印发路面、交安机电和绿化等首件工程验收管理办法。

3．推行施工装备专业化、智能化、机械化

推行施工装备专业化、智能化及机械化不仅可以极大地提升施工效率，同时能够大幅度提高施工水平，确保施工质量稳定优质。跨海重大交通基础设施倡导以设备保工艺、以工艺保质量、以质量提品质的理念，鼓励创新，大力推广机械化、智能化施工与先进适用的工艺工法。

1）“一航津安1”沉管浮运安装一体船与“一航津平2”自升式碎石铺设整平船

深中通道沉管隧道长约6.8km，由32个管节“搭积木”般连接而成，每个管节的尺寸为165m × 46m × 10.6m，其断面宽度为46 ~ 55.46m，比港珠澳大桥双向六车道钢筋混凝土沉管隧道断面要宽9 ~ 18.5m，是世界上最长、最宽的钢壳混凝土沉管隧道。完成沉管对接，需要克服复杂航路长时间浮运、基槽长距离横拖、复杂风浪流以及极端天气等难题。

在海底隧道施工过程中，基槽碎石整平是沉管基础质量控制的重要环节之一，因此碎石整平船也是沉管隧道质量控制的重要保障设备。曾用于港珠澳大桥沉管隧道建设的碎石整平船“津平1”，所采用的施工管理系统还是由日本制造的。为了实现技

术突破，深中通道管理中心联合多家单位，通过自主研发创新，建造了世界最大自升式碎石铺设整平船“一航津平2”，为深中通道沉管安装的工效和质量提供了重要保障（图4-12）。

基槽碎石整平只是沉管对接安装的“排头兵”，为了实现沉管水下的精准沉放与毫米级对接，深中通道管理中心联合中交一航局等单位自主研发了又一国之重器——沉管浮运安装一体船“一航津安1”（图4-13）。一航津安1”是世界上第一艘集沉管浮运、定位和安装等功能于一体的、具有DP定位和循迹功能的专用船舶，具有系统

图4-12 “一航津平2”自升式碎石铺设整平船

图4-13 “一航津安1”沉管浮运安装一体船

集成度高、自动化程度高、安全控制性能高、施工精度高等优势，可有效克服繁忙复杂航路、基槽长距离横拖、深水沉放、复杂风浪流等不利建设条件，不但大大增强了沉管浮运安装能力，保障了施工安全，而且极大地提高了施工精度和施工效率。

2）“金雄”轮抓斗式挖泥船

深中通道E1沉管隧道基槽总长近124m，作为水上关键线路的首个沉管隧道基槽精挖，其开挖进度及质量直接影响后续基槽块石夯平、随时整平及沉管浮运安装等工序。但是，E1沉管隧道基槽距离西人工岛较近，施工作业面狭窄，交叉施工频繁，施工干扰大，且沉管隧道基槽基本与水流垂直，水流急，容易出现因洋流导致走锚造成定位不准、出现定深偏差等情况，且沉管隧道基槽精挖高度误差需严格控制在0.5m以内，已远远超出了目前疏浚工程技术领域的规范和标准。

面对这一难题，深中通道管理中心决定由项目独立自主研发的、曾在港珠澳大桥岛隧工程中负责精挖的国内首艘具备深平挖功能的抓斗式挖泥船“金雄”轮负责施工（图4-14）。虽然经历过港珠澳大桥工程建设的“大风大浪”，“金雄”轮此番面临的任务依然很艰巨。除了上层“粗挖”任务，“金雄”轮要在粗挖作业面下“二次施工”，其重达100t、高达10m的巨型抓斗，要在茫茫伶仃洋上为E1节沉管安装开挖出一条高层误差控制在0.5m、长123.8m、宽50m的基槽，并且要挖掉槽底岩层夹杂的深层泥土搅拌桩（简称DCM）桩头，无异于风中穿针、海底绣花，其施工难度远远超于港珠澳大桥岛隧工程，可谓难上加难。

图4-14 “金雄”轮抓斗式挖泥船

为保证首节沉管隧道基槽开挖的精度，“金雄”轮自主研发的定深平挖控制系统犹如为自己装上了一双“慧眼”，使其“大脑”更加灵活，能够轻松地指挥重达100t的“大手”作业，解决了深海作业“看不见”“控不住”的难题。挖泥手只要在挖泥室的操作控制面板输入挖深数据，就能准确地控制挖泥过程，并能及时捕捉获取抓斗的挖泥轨迹，准确地检测出抓斗船下放的实时数据，完成精挖这项“绣花绝技”。另外，针对深层混凝土搅拌桩桩头开挖这一最大难点，考虑到桩头材质非常坚硬，施工人员采取分段分层分条的施工工艺，就像剥洋葱一样一层一层地将其剥开，有效控制了开挖。这种施工工艺虽然费时间，但是能确保精度，为沉管平稳安放打好海底的“地基”。

3）“浚海5”轮万方耙吸式挖泥船

“浚海5”轮万方耙吸式挖泥船由中交广航局自主投资建造，长131.3m、宽25.4m，满载排水量堪比轻型航空母舰（图4-15）。“浚海5”轮配备了国内先进的疏浚集成控制系统，其中的动态定位和动态航迹系统及挖泥轨迹显示系统，可通过实时计算使挖泥船实现“无人驾驶”状态，并自动抵消风浪流对船体产生的影响，最大限度按照设定的船位及预定轨迹进行施工，将海底的淤泥抽吸至船舱，一万多立方米的舱容在一小时内就能装满，相当于8个标准游泳池的容量，随后再将疏浚土运输至指定地点抛卸。

图4-15 “浚海5”轮万方耙吸式挖泥船

4.3.4 班组管理标准化

班组是施工企业最基本的组成部分，也是跨海重大交通基础设施建设最一线的组织团队，是直接参与施工生产的主要承载基本单位，其能力和水平很大程度上决定了工程的建设成果。跨海重大交通基础设施建设点多、线长、面广、流动分散作业、户外作业环境复杂、不可控因素多、质量要求高、工期紧等特点，决定了建设质量高、技术好、效率快等特色的施工班组迫在眉睫。

推进班组管理标准化要围绕三个方面展开：

（1）以增强专业化施工能力为基本要求，加强施工技术交底，做实做细班前教育和工后总结制度，积极推行班组首次作业合格确认制，强化班组作业标准化、规范化和精细化。

（2）以形成稳定的作业班组队伍为基本保障，建立健全施工班组管理制度，强化班组能力建设，促进劳务工人向从业工人转变。

（3）以尊重劳动者为核心理念，增强其归属感，将劳务作业层纳入用工企业的一体化管理，全面推行班组人员实名制管理，强化班组的考核与奖惩，夯实基层基础工作。

跨海重大交通基础设施建设应参考《施工班组建设与规范化管理指南（征求意见稿）》《广东省交通运输厅关于发布广东省高速公路工程施工安全标准化指南（班组建设）的通知》，建设单位以工程项目为依据，督促施工单位建立《班组作业标准化管理规定》，深耕班组建设。

1. 班组实名化管理

实名制管理通过将劳务人员姓名、身份证号、劳动合同书编号、岗位技能证书号登记入册，并确保人、证、册、合同、证书相符统一，使总承包对劳务分包人数、情况明细、人员对号、调配有序，从而促进劳务企业合法用工，切实维护农民工权益，调动农民工积极性。

根据《中华人民共和国劳动法》《建设领域农民工工资支付管理暂行办法》等规定，为规范项目建设农民工工资支付管理，预防和解决外部劳务队伍拖欠或克扣民工工资问题，维护社会稳定等，跨海重大交通基础设施建设项目各施工单位，应强势推行其所属各项目部施工班组实名制管理，制定一系列管理制度措施，从班组前期的进场准备，到现场作业，直至完工退场等，实施全过程的精细化管控，同时企业应加强对所属项目的前期引导和过程中检查监督，采取奖罚机制，确保劳务工人的实名制管理工作落到实处。

全面推行班组人员实名制管理，施行班组准入制度，利用多媒体培训箱等新型培训设备对每位入场人员进行实名登记，人员信息与培训信息直接相关，由工具箱为每位从业人员生成一个二维码，管理人员通过手机端扫描软件二维码，后台自动访问培训监管（管理）平台，便可查询该人员的培训记录，实现人员培训与技术交底的统一规范管理（图4-16）。

图4-16　班组现场技术交底

2．班组团队建设

加强各参建班组间技术交流、技术学习，强化班组作业标准化、规范化和精细化，强化班组的考核与奖惩，夯实基层基础工作，建立系统性考核评比办法，细化班组和优秀技工的奖惩机制，通过开展技能竞赛、技术比武、实体比较、“首件认可制”等活动，和建立“清退制”与“激励制”等制度，对班组作业进行专项管理，逐步建立班组优选制度。

3．班组文化建设

班组文化是整个班组存在和发展的不竭动力；是企业文化建设的基石；是班组成员共同认定的思维方式和办事风格；是班组内部成员付诸实践的共同价值观体系。班组文化的建设，可通过适时开展喜闻乐见的文化活动，以形成班组特色的文化氛围，增强团队凝聚力，调动成员积极性，激发成员工作热情，提高整体工作效率，建立团结高效、蓬勃向上的团队。通过有效的班组管理，构建良好的班组文化，协调好班组成员的关系，建立良好的执行文化，形成班组共同价值观。

坚持“以人为本”，保障工人合法权益，注重人文关怀，提升工人职业认同感和荣誉感，推动一线工人职业化发展。培育工匠精神，打造工匠队伍，为建设“品质工程”服务。

4.3.5　安全管理标准化

跨海重大交通基础设施安全管理以树立本质安全为理念，以实现“三个安全”（施工安全、结构安全、使用安全）及生产安全零责任事故为目标，以“三控”（控班组、控船机特种设备、控重大风险）为重点抓手，通过智能化、信息化、标准化实现全面安全管理。

1．安全管理体系标准化

建设单位负责主导跨海重大交通基础设施安全生产工作，实行动态管理，紧密结合工程进展，全面梳理并逐点排查桥、岛、隧等各项工程安全风险源，加强海中桥梁深基坑围堰、锚锭基坑开挖、高大墩柱、大悬臂盖梁、箱梁预制架设、大体积混凝土等重点部位隐患排查，并全面推行工序卡管理制度，做到每个分项工程的所有工序均有检查、有复核、有记录、有整改。经项目排查发现的风险隐患，全部书面下发并限期完成整改，落实动态闭环管理要求，扎实推进高品质建造、稳安全发展。

1）建立风险双重预防机制

（1）建立安全风险评估分级管控机制

根据跨海重大交通基础设施设计方案，以岛、桥、隧、环境为主要评估对象，在施工图设计确定后、正式施工前的准备阶段对主要风险源进行梳理。再次核准施工图设计的风险等级，建立风险评估层状或树状结构列表，结合现场调查资料开展施工准备期风险估计。根据工程风险发生的概率（或频率）、不同风险承险体（工程自身、第三方或周边区域环境）的定量风险损失，确定风险等级。针对不同等级风险以及各等级风险的接受准则，采用不同的风险处置原则和控制方案，形成风险评估报告用以指导施工，并在施工周期内实时跟踪、动态调整。

（2）建立工程事故隐患排查治理机制

根据工程中主要风险隐患可能导致的后果并结合本地区、本行业领域实际，研究制定事故隐患辨识、评估、分级标准，为开展事故隐患排查治理提供依据。总结分析重特大事故发生规律、特点和趋势，依据相应标准，分别确定事故隐患为重大隐患和一般隐患，建立事故隐患数据库，在施工周期内实时更新。建立自查、自改、自报事故隐患的排查治理信息系统，建设工程项目信息化、数字化、智能化事故隐患排查治理网络管理平台，实现隐患排查、登记、评估、报告、监控、治理、销账的全过程记录和闭环管理。

2）强化安全生产源头治理

（1）完善前期方案审查程序

研究制定安全标准，严格审核把关，科学论证各项方案的可行性、适用性，完善相关准入制度。加强设计方案合理性和安全可靠性的审查论证；加强施工实施计划的审查，审查安全生产管理体系、保证措施、危险性较大工程安全专项施工方案、专家论证意见；加强审查安全目标责任制方案及考核结果，研究、论证、审查重大安全风险规划及工程重大安全技术方案、重大风险源处置及应急预案。

（2）完善方案落地执行

在施工周期内，参建单位提交的各类安全质量专项方案，必须建立信息化跟踪机制，能够形成信息及时交互及有效沟通。各风险工程即将开工时，针对监测方案二次审查其合理性，确保监测数据能够准确、全面反映安全状况。在施工周期内，巡视监测单位的现场作业包括预警信息，审核现场安全风险处理方案、监控分析报告和消警建议报告。整理分析参建单位工作记录，对施工、监理方提交的安全风险源进行审核，跟踪建设单位管理意见的落实执行。

（3）专项方案评估与执行

针对较大风险隐患及事故征兆，加强与参建单位的沟通，拟定专项措施方案，并组织专家评审其安全可靠性。采取灵活检查方式，强化方案落实。组织参建单位按职责自查自纠，辅助建设单位的抽查、巡查手段，确保方案落实到位。建立信息公示及绩效考核制度，根据专项方案执行情况，及时公示相关信息，严格考核，设计合理化的综合评定标准，营造良好的安全文化氛围。

3）建立安全生产技术保障

（1）建设安全风险监控平台

建立基于IP网络的全数字化的安全风险监控管理平台，实时、动态地监控工程建设进度和施工情况，实现完善的数据采集、数据分析、风险评估及管理、预警报警等一系列功能，进而打造“统一指挥、集中控制”的一体化综合管理平台。

（2）加强自动化管理工具应用

充分利用视频监控系统、门禁系统以及人员定位系统，对现场人员信息进行联动管理，实现合规人员在合理的范围内完成合格的操作。充分利用施工现场建设的作业船舶定位系统、大型机械设备监控系统，结合船舶的航道信息、机械设备的养护计划等进行联动管理，实现作业船舶、机械设备的安全管理。充分利用自动化监测设备及手持移动设备，用于日常管理，建立现场信息的查检、处理、复查的工作流程，实时汇总各施工现场作业区域的安全风险监控情况。

（3）引入专业咨询服务

充分利用高等院校与专业咨询单位的资源，加大安全科技支撑力度，引入专业咨询服务，获取其他工程项目相关管理经验，初步建立完整的安全风险管理模式。吸收其他工程项目中行之有效的风险管控经验，开发具有本地特点风险管控方法与工具，实现专业化分工，利用咨询单位的专业优势提高效率、降低成本，提升风险管控能力。

（4）严格过程动态监管监察

施工周期内，加大建设单位巡查力度，组织常规巡检、针对性巡检、突击检查等多种形式的现场巡检，利用移动客户端来实时采集现场图像、声音、视频等资料，有效减少空间距离带来的不利影响。构建巡检巡查标准库，以现有法律法规为依据，细化检查项，简化操作程序，方便、快捷、真实地反映现场情况。保持对重大风险源的关注，及时更新风险源清单，提前公示，以便采取积极措施预防风险。设置合理的风险预警等级，及时发布、及时响应、分级处置。通过视频监控系统远程对现场情况进行监控，实现现场情况的全方位了解及各管理层级的实时监控。

（5）提升应急响应处置能力

在工程建设过程中，邀请国内岩土工程界地质、设计、施工、监测、咨询、建设管理等方面的专家，组织一系列的针对安全风险管理与土木、桥梁专业技术的培训。建立完善的应急管理预案体系，确定综合应急预案、专项应急预案和现场处置方案，与上级主管部门预案体系相衔接，明确项目的应急组织机构及职责、应急预案体系、事故风险描述、预警及信息报告、应急响应、保障措施、应急预案管理等内容。

储备有针对性的应急物资和设备，建设训练有素的应急管理队伍。定期组织应急预案的演练，留存培训记录。结合前期研究，总结其他类似经验教训，需不断完善，在施工过程中予以纠正预警流程、预警内容、预警临界值。完善通信与信息保障，建立覆盖整个施工区域的畅通的通信网络。关键岗位、关键工序、关键时期设专人值守，确保应急救援指挥部、应急救援组织、新闻媒体、医院、上级政府和外部救援机构之间通信联系畅通。

4）建立风险动态管控责任体系

（1）压实参建各方主体责任

严格落实各方主体安全责任，尤其是各参建单位的风险防控责任。跨海重大交通基础设施管理中心从健全安全管理制度入手，严格要求各单位履行安全责任制，开展风险防控的自我评估，建立隐患清单和整改清单，强化风险管控，准确识别重大风险隐患，把风险解决在萌芽状态，真正做到“安全自查、隐患自除、责任自负”，最大限度防止工程事故发生。主体责任的落实首重考核，在考核的基础上有针对性地调整管理策略，不仅靠传“责任压力”，更应该是提“责任干劲”。参建各方的责任落实，细化成了一件件与工程建设任务相关的“举手之劳”，就在无形中形成了责任与日常工作紧密结合的良好态势。

（2）履行管理中心监管责任

跨海重大交通基础设施管理中心作为建设单位，自身需要落实监督、监管、监察责任。俗话说，有权必有责，管理中心在履行监管责任时，也需要与管理中心各部门厘清“责任清单”，在此基础上，形成“监管、主体两个责任”同落实的整体合力。监管责任的落实，不仅是工作所需，更是借助监管责任落实的工作，促使各参建单位转向施工过程、安全管理、风险防范、质量优异等环节进行创新，通过改变工作方式、拓宽监督渠道，为工程的可持续发展及安全文化建设创建良好的环境。

（3）安全事故追责问责

对事故责任落实形成一个“闭环”的过程，预防责任落实不到位，完善追责、问责的管理方式。追责、问责是从另一个角度，真正理清事故的本质原因，引导大家更多地关注事故原因和如何预防类似事故重复发生。追责、问责不是目的，而是推动工作的手段，在追责、问责中，综合考量动机态度、客观条件、程序方法、性质程度、后果影响、挽回损失等因素，精准运用免责或减轻问责的措施，保证了参建单位履责、当责的积极性。

5）规章制度体系管理

（1）制度体系的完善

以跨海重大交通基础设施管理中心为基础，建立一套标准化的制度保障，更好发挥管理中心的整体优势，促进各部门与现场参建单位的密切配合，使工作更加顺畅，保障跨海重大交通基础设施的科学建造、安全建造。

（2）信息共享的互联互通

随着信息化建设的不断发展，信息系统在各行各业得到了广泛使用。但这些信息系统基本都是随着工程建设衍生而成的。基于安全风险动态管控的信息系统，面临的是与传统信息系统不同的“异构”数据，即动态管控中风险信息与管理信息交织。跨海重大交通基础设施项目所有参建单位是由不同组织形式、具有不同管理风格的单位、人员组成，没有统一的管理语言平台，风险管理更容易“各自为政”，甚至造成信息区隔与孤岛，失去风险管理中最难得的横向信息共享和分析、研判能力。基于项目实际情况，建立风险动态管控的互联互通平台，解决对风险信息认识、管理习惯、信息加工的问题，形成一种新的管理路径，体现集体协作的力量，推动风险动态管控的创新与探索。

6）建立风险动态防控治理体系

风险动态防控治理体系包括预防机制、预控机制和预警机制：

（1）预防机制，主要是进行风险评估工作、方案审核工作、工程节点验收、首件制工作、教育培训工作。

（2）预控机制，主要是进行关键工序的梳理、核心措施的梳理、核心指标的梳理、多维度的风险评估模型建立、预控流程建立。

（3）预警机制，建立安全风险动态监控系统，梳理监测项目（测组、测点、累计值、变化速率、监测时间等），整理监测报告，输入预警值、预警等级等。

2．安全管控措施标准化

1）明确核心质量安全管控内容

建设单位深化各工序及创新工艺的核心质量安全管控内容，包括：

（1）航道两侧风浪流耦合作用对海上桩基和承台施工稳定性措施执行。

（2）塔柱和墩身钢筋部品化注重钢筋轴向间隙及部品垂直度控制。

（3）钢筋部品起吊工装及防变形措施执行。

（4）塔柱液压爬模同步顶升及模板切缝精度控制。

（5）塔柱劲性骨架强化及拉压支撑实效应用管理。

（6）下横梁围堰水下封底及四角防渗漏工艺控制。

（7）地下连续墙护槽铣槽及槽底注浆控制。

（8）筑岛围堰和地下连续墙应力应变及深层位移监控。

（9）海中柔性挡土组合结构对软弱土层的扰动与平衡方案执行。

（10）海中管袋围堰防冲刷稳定性监控。

（11）基坑抽水试验及降水设施管理。

（12）大体积混凝土配合比及冷却通水控制。

（13）箱梁预制钢筋反压和底板防上浮措施执行。

（14）预应力束锚下应力及不均匀度控制。

（15）箱梁预拱度对支座垫石及桥面整体化层高度的精确施工控制。

2）组织项目总体和专项风险评估

全面识别工程初始风险，以单位工程为评估单元，确定项目总体风险等级，为后续风险管理提供依据。收集并分析工程规范、设计、勘察、环评、现场踏勘资料，建立评估指标体系，划分评估单元，确定工程总体风险等级，展示风险分布。在总体风险评估基础上，以分部、分项工程为评估单元，针对其中的重大风险源进行量化评估，划分风险等级，并提出风险控制措施，也为后续编制专项施工方案、专项应急预案和现场处置方案提供依据和参考（图4-17）。收集并分析评估单元的工程资料，细分评估单元，确定评估单元风险等级，展示风险分布。

图4-17　总体风险评估报告专家评审会

3）编制重大风险源和危大清单

通过梳理总体风险评估成果和专项风险评估成果，编制形成风险源清单，拟定风险管控措施，对风险源分级管理。通过对风险评估成果进行分类统计，明确各工点风险部位、风险源或工序、风险等级、潜在风险类型、起止时间及持续时间等关键信息。为保证风险源清单的动态更新，监控中心（或施工单位）负责对该表每月更新一次，报监理备案。对重大风险源范围内的危险性较大的分部分项工程罗列清单，作为开工前核查条件之一。管理中心、监理单位、施工单位、设计单位、风控咨询单位，依据《广东省高速公路标准化指南》相关要求，明确危大工程类别、是否需专家评审等关键信息。

4）条件核查

核查过程中，关键工序及工序转换的风险在动态变化，及时修订或更新风险控制措施，满足条件后允许进入下道工序施工。在风险较大、风险集中或工序转换时易发生质量安全事故的工程重要部位和环节，核查施工方案、现场安全措施、监测方案、机械设备等致险因素，结合施工工况、监测数据、措施落实以及现场巡视情况（图4-18），判别风险变化情况与措施的有效性。

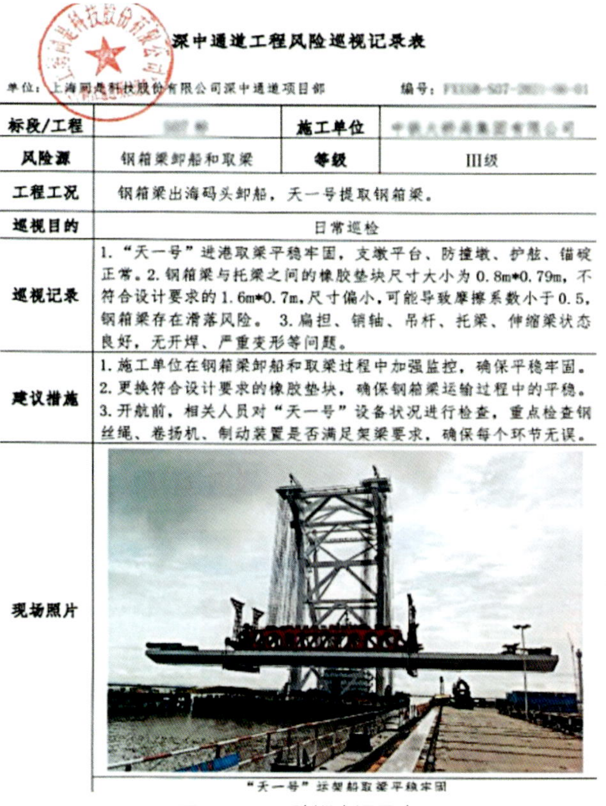

深中通道工程风险巡视记录表

单位：上海同是科技股份有限公司深中通道项目部　　编号：[illegible]

标段/工程	[illegible]	施工单位	[illegible]
风险源	钢箱梁卸船和取梁	等级	III级
工程工况	钢箱梁出海码头卸船，天一号提取钢箱梁。		
巡视目的	日常巡检		
巡视记录	1. “天一号”进港取梁平稳牢固，支墩平台、防撞墩、护舷、锚碇正常。2. 钢箱梁与托梁之间的橡胶垫块尺寸大小为0.8m*0.79m，不符合设计要求的1.6m*0.7m，尺寸偏小，可能导致摩擦系数小于0.5，钢箱梁存在滑落风险。 3. 扁担、销轴、吊杆、托梁、伸缩梁状态良好，无开焊、严重变形等问题。		
建议措施	1. 施工单位在钢箱梁卸船和取梁过程中加强监控，确保平稳牢固。 2. 更换符合设计要求的橡胶垫块，确保钢箱梁运输过程中的平稳。 3. 开航前，相关人员对“天一号”设备状况进行检查，重点检查钢丝绳、卷扬机、制动装置是否满足架梁要求，确保每个环节无误。		
现场照片	“天一号”运架船取梁平稳牢固		

图4-18　风险巡查记录表

5）编制风险管控措施

针对风险因素，拟定相应的技术管理措施或管理控制措施。同时，科技与建设单位牵头组织，参建单位共同参与，根据设计文件、相关规范、施工方案，以及专家审查意见等，将重大风险源分解为若干工序，针对关键工序编制具体的风险管控措施。深中通道项目根据每个重大风险源的作业内容、施工特点及所处环境因素等，对施工过程中影响结构安全的施工工艺、过程质量控制、技术措施，以及安全行为管理、大型机械设备管理的潜在风险共制定了370条风险管控措施。

6）开展专项行动

定期或不定期地开展质量安全专项整治提升行动，督促各参建单位编制具体的行动实施方案，制定自查方案和自查计划，组织开展各专项检查，对测量控制管理、试验检测、本质安全和过程安全管理工作进行重点检查，通过对存在的问题和整改情况进行分类汇总和分析总结，将主要要求及做法固化。

依托质量安全红线行动，建设单位制定下发具体工作方案、宣贯及检查实施计划，督促各施工单位按照红线问题界定标准认真开展自查自纠自改，安排专人负责加强监督检查和督促整改。各施工单位均建立红线问题台账，要求实时更新，并明确落实整改责任人，有效推动施工单位红线问题及时整改清零。

7）加强安全生产宣传与教育

建设单位在项目推进过程中持续加强安全生产宣传与教育。主要负责人带头讲安全，开展安全讲座，并组织各参建单位开展安全生产宣传教育活动。通过开展教育培训、隐患曝光、问题整改、经验推广、案例警示、监督举报、知识普及等宣传教育活动，有效增强全员安全意识，提升全员安全素质，促进项目安全生产水平提升和安全生产形式持续稳定好转。其中，深中通道管理中心安委会组织内部各部门开展安全工作分析会，结合岗位职责及安全工作落实情况开展履职测评，开展事故模拟调查、“安全生产啄木鸟”“企业风险扫描仪”“隐患排查显微镜”等活动，明确职责体现和岗位担当，提高各层级管理人员“如履薄冰”的高度紧迫感，全力实现安全目标（图4-19～图4-21）。

图4-19　开展知识竞赛

图4-20　建立健全工人培训中心

图4-21 船员安全知识培训

8）安全防护设施工具化、定型化、装配化

在技术装备方面，参考借鉴《施工现场安全防护设施标准化指南（征求意见稿）》，推行安全防护设备设施工具化、定型化、装配化，指导和规范施工现场安全防护设施设置和管理（图4-22～图4-31）。跨海通道项目桥梁上部结构、沉管隧道均采用标准化设计、工厂化制造、装备化安装；海上作业尽可能采用专用大型海上装备，如采用运安一体船进行沉管隧道的浮运安装，采用专用砂桩船进行挤密砂桩施工等，提高施工安全。强化安全技术管理，规范程序管理，实现施工安全专项方案的编制、审批及实施标准化，以及专控工序验收范围及程序标准化。

图4-22 钢筋配送中心临时用电标准化

图4-23 电缆支护标准化

图4-24 临时用电电缆支护标准化

图4-25 海上栈桥配电柜临时用电标准化

图4-26　夜间警示标准化

图4-27　墩身作业平台标准化

图4-28　海上平台临边防护标准化

图4-29　海上栈桥临边防护标准化

图4-30　墩身施工标准化

图4-31 钢壳管节安全通道标准化

4.3.6 “全域党建”打造党建标准化

超级工程不仅需要超级的投入和技术，更需要超级的管理和建设团队。跨海重大交通基础设施参建单位众多，各单位党建工作步调不一、参差不齐，行政不隶属、级别不对等，工作协调难、资源统筹难。为了将分散在项目全线各工点的参建单位拧成一股绳，建设单位应以“全域党建”为抓手打造党建标准化，将参与项目建设的全链条参建单位和人员，团结凝聚起来、组织发动起来。

深中通道项目施工现场有中央企业、国有企业等参建单位，设置基层党组织25个、参与党员400多人、在岗参建人员近10000人。如何将分散在项目全线各工点的央企、省企拧成一股绳，让大家“心往一处想、劲往一处使”，深中通道管理中心党总支以习近平新时代中国特色社会主义思想为指引，通过构建“全域党建，深中标准”，将参与项目建设的全链条参建单位和人员，团结凝聚起来、组织发动起来，汇聚起推动深中通道项目高质量发展的磅礴力量（图4-32）。

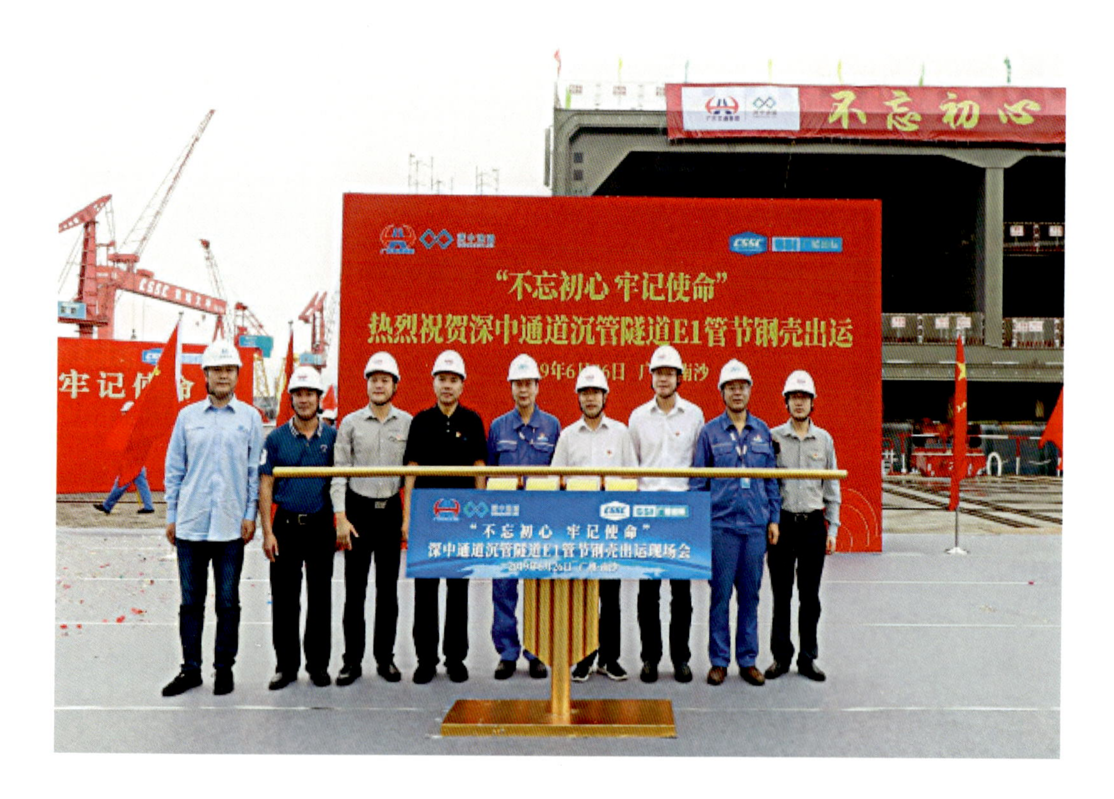

图4-32 党建与生产融合

1．全领域统筹

深中通道参建单位众多，各单位党建工作步调不一、参差不齐，行政不隶属、级别不对等，工作协调难、资源统筹难。如何让400余名党员凝聚起来，形成足以支撑项目建设的超级力量？

深中通道党总支抓好顶层设计，按照中央有关文件精神，动态调整、优化基层党的组织设置，创新成立深中通道项目建设期党委，全领域统筹各级参建单位，全方位引领全域党员和职工群众，将各产业链条上的参建单位党组织全部纳入建设期党委范畴，有效整合项目业主、施工单位和监理单位等多方党建资源，以深中通道党总支为龙头，推进项目全域全方位实现党建工作与工程建设同心同向、同频共振、双向融入，把全链条的各级党组织凝聚起来，形成坚定信心、激发干劲、共渡难关的精神动力。

2．全方位引领

为破解工程建设难题，党总支推动党建工作向中心聚焦、为大局聚力，推动党建与发展在更深层次、更广范围深度融合，实现党建工作与生产建设同向发力。

以深中通道沉管隧道首节沉管顺利实现与西人工岛暗埋段对接为例。为了攻克难关，顺利完成节点目标，深中通道党总支精准施策、周密部署，将岛隧工程管理部党支部党员技术骨干和中交一航局等参建单位党员组织起来，成立了“沉管隧道先锋队”和“人工岛先锋队”，在施工一线攻坚冲锋。他们科学部署施工计划，统筹制订“路线图”，把每步施工计划精确到小时乃至分钟。他们带领着200余名建设者，星夜兼程、昼夜不息，实现了深中通道首节沉管浮运安装对接的顺利完成。

3．全链条推进

疫情期间，为了打赢攻坚战，实现防疫和生产两不误，深中通道党总支把项目全领域所有参建党组织、所有建设者团结起来、凝聚起来、带动起来，拧成“一股绳”，以“全领域统筹、全方位引领、全链条推进、全员共参与”为切入点和落脚点，组建了“1+25+400”网格化疫情联防联控体系。“1”是指项目（建设期）党委，“25”是指项目全域25个入场参建党组织，“400”是指全域400名党员建设者。通过全域党建，将项目所有党组织和党员动员组织起来，形成打赢疫情防控阻击战的核心。在深中通道党总支的有力领导下，短短20多天时间，深中通道项目的122个工点全部复工，近8000名建设者陆续返岗，成为广东省第一个实现全面复工复产的重大工程项目。

4.4 | 管理手段智慧化

管理手段智慧化是将先进的数据通信传输技术、电子控制技术、计算机处理技术综合应用于公路管理体系中，通过对公路建设和养护管理信息的实时采集、传输和处理，借助各种科技手段和设备，对公路管理情况进行协调和处理，建立起一种实时、准确、高效的管理体系，从而使交通设施得以充分利用，并能提高管理效率和确保交通安全，最终使公路管理服务和管理手段智能化，实现公路管理的集约式发展。

以智能交通系统（ITS）、交通地理信息系统（GIS-T）、计算机辅助设计（CAD）为代表的新的信息技术，正逐步成为公路交通管理技术体系的主导技术。目前，我国公路建设行业在勘察设计、工程施工、交通安全、环境监控等诸多方面取得了可喜的技术成果。在信息基础设施建设方面，初步构建了公路管理信息化网络的基本骨架，在公路管理信息资源开发利用方面，建设了一批信息应用和管理系统，成为公路管理业务发展和传统公路管理方式优化升级的强大推动力，使得对各种决策（包括交通战略决策、交通管理决策、交通方式及交通路线选择决策等）起到支持作用的信息和知识在系统中有效流通，提高决策的科学性，引导合理的交通行为，达到最大限度地发挥已有交通设施潜力的目的，从而引起生产效率的空前提高，市场范围的全面扩大，管理方式的根本变革，成本的大幅度下降，资源配置的全面优化和充分利用，法制环境、管理体制、思想观念的重大变革。

交通运输部作为交通行业的主管部门，积极推进交通信息化工作，制定了《数字交通“十四五”发展规划》（以下简称《规划》）。《规划》从战略性、全局性和前瞻性的高度出发，提出了到2025年我国交通行业领域数字化、网络化、智能化发展的总体思路、主要任务和保障措施。在具体的目标中提到：

——交通设施数字感知。交通新基建迈出新步伐，重要节点交通感知网络覆盖率大幅提升，国家综合立体交通网主骨架的基础设施全要素、全周期数字化全面推进。

——信息网络广泛覆盖。形成天地一体、公专结合、云网融合、安全高效的交通运输综合信息通信网络，北斗系统在行业中深度应用。

——运输服务便捷智能。各种运输方式一体衔接的全程电子化出行服务体系基本形成，二级及以上道路客运站及定制客运线路电子客票覆盖率达到99%。初步构建全链条智慧物流服务体系，危险货物道路运输电子运单使用率超过90%，集装箱运输电子运单使用率大幅提升。

——行业治理在线协同。综合交通运输“数据大脑”初步形成，精准动态监测预警水平显著提升，行业协同监管系统实现全国联网，政务服务“一网通办”更加便捷高效。

——技术应用创新活跃。综合交通大数据中心体系基本构建，成规模、成体系的行业大数据基本形成，数据开放成效显著。车路协同、智能航运等新技术、新模式取得新突破。

——网络安全保障有力。等级保护合规率大幅提升，行业网络信任体系初步建立，关键信息基础设施和关键数据资源保障水平有效提升，安全防护和维护政治安全能力显著增强，主动防护、纵深防御的行业网络安全综合防范体系基本建立。

依据国家战略和项目需求，跨海重大交通基础设施建立以BIM技术为基础的项目管理平台，逐步实现工程全生命周期关键信息的互联共享以及参建各方工作协同，以BIM模型为载体集成各建设阶段业务数据，提高工程信息化和智能化水平，实现工程管理“提质、增效、降本、溯源”的目标。

4.4.1 基于BIM技术的项目协同信息化管理平台

信息是跨海重大交通基础设施开展现代化管理的基本要素和重要手段。充分开发管理信息资源，科学管理各种建设信息，有效利用这些信息，是跨海重大交通基础设施实现工程现代化管理的重要保证。

管理信息是指与生产管理、技术管理、经济环境管理等过程直接或间接相关的信息。它用以反映及控制管理活动中经过加工的数据，管理过程中各种事物的状态和特征。管理信息与其他信息一样具有一般信息的属性，按记录的形式表现为数字形态、文字形态、图形形态等。管理信息的信息流伴随着物流出现，是对所发生事件的记录，属于事后控制。

信息管理是指信息的收集、加工（处理）和使用。信息的收集，特别是原始数据的收集是一个很重要的环节，信息的质量在很大程度上取决于原始数据收集是否及时、完整和真实。信息加工是根据一定的模式或算法将数据进行逻辑地或算术地运算。信息加工时数据处理性质和实际状况不同，作业项目和步骤也不同，最基本的处理方式包括变换、排序、核对、合并、更新、摘出、分筛、生成。信息的使用包括信息的存储、检索及传递。信息管理是对信息进行管理，属于事前控制。一个系统的组织管理水平，在很大程度上取决于信息管理的水平。

跨海重大交通基础设施管理信息化是指利用现代电子技术，实现管理信息资源的高度共享，发掘其潜力以推动跨海重大交通基础设施的发展。其指导原则和建设目标是：根据国家及本地交通信息化的总体要求，以项目需求为导向，以工程应用促发展，按照服从和服务于生产的原则，对项目建设资源进行深度规划、开发和利用，全面实现项目建设管理规范、决策科学、调度智能、信息公开。信息化的目的是充分开发和利用信息资源，要实现这一最终目的，必须遵循以项目需求为导向，以工程应用促发展的原则。在具体的系统开发时，应先在项目范围内广泛征集各个业务部门对信息化的具体需求，按照软件工程的具体要求，通过需求分析、总体设计、详细设计等各个阶段，使得各个应用系统逐步成形，以规范各项业务，实现信息共享，拓展应用领域。根据提出的需求，确定系统的主要开发思路，方便日常维护及软件升级。通过数据库的联网和数据共享机制的建立，加快实现跨海重大交通基础设施管理的规范化、科学化。

探索“互联网+交通基础设施现代管理理念”发展新思路，推进大数据与项目管理系统深度融合，利用IOT、GIS、大数据、云计算等技术，建设共享信息中心和“智慧工地+智慧海事”统一协作平台，推动产业工人实名制管理、设备信息化管控、工程结构施工监测、危大工程及重大风险联防联控、智慧试验室与拌合楼、隐蔽工程数据采集、海洋环境实时监测、智慧海事应急指挥、远程视频监控等数字化集成应用；全面支撑“智能建造”落地：沉管钢壳智能制造、智能浇筑和智慧安装，钢箱梁智能制造和预制梁智慧梁场。实现建设全过程、全方位管控，提升项目管理信息化水平，推动现代工程管理水平及工程品质的提升（图4-33）。

深中通道项目的BIM信息化协同管理平台（下称“协同管理平台”）融合了“云

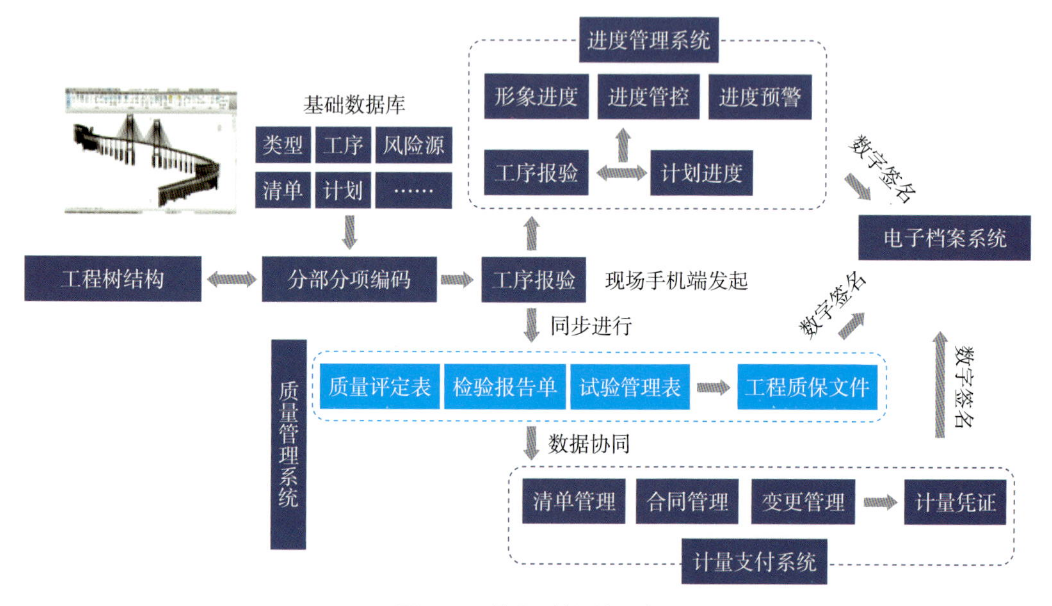

图4-33　管理系统设计思路

计算”和BIM技术，侧重于为工程各参与方提供基于BIM的问题解决方案（图4-34、图4-35）。在协同管理平台上，各类工程信息能准确、安全、快速地发布和交互，工程各方人员能方便安全地及时查阅工程信息，掌握工程实施进度和质量安全问题处理情况等。以施工BIM模型为基础，将模型单体化，与单位分部分项工程编码关联。从手机移动端发起工序报验，实时反馈实际工程进度，与计划进行对比分析，实现工程进度管理。现场的质量检验与工序报验同步进行，在质量管理系统生成工程质保文件。支持计量支付系统，由进度和质量模块自动生成当期工程量计量清单，辅助计量支付。

根据各项管理业务的特点，协同管理平台划分为项目协同管理、智能制造和智慧工地三大类共20多个功能模块。每个功能模块针对特定的业务与用户使用，模块将业务数据汇总给BIM平台并关联到3D构件上，平台根据施工特点开发多业务信息的协同分析系统，实现基于BIM模型的全业务数据的汇总、查询与分析。为尊重用户使用体验，减轻一线工作人员的内业工作量，深中通道协同管理平台以多重终端形式与用户进行数据交互，开发了网页端（B/S架构）、PC端（C/S架构）和手机端（APP）。网页端实现数据处理、数据协同和文件流转；PC端实现BIM模型加载和可视化管控；手机端可实现移动办公功能。

与海事、航道主管部门建立稳定联络机制，充分发挥行业监管和执法作用，由海

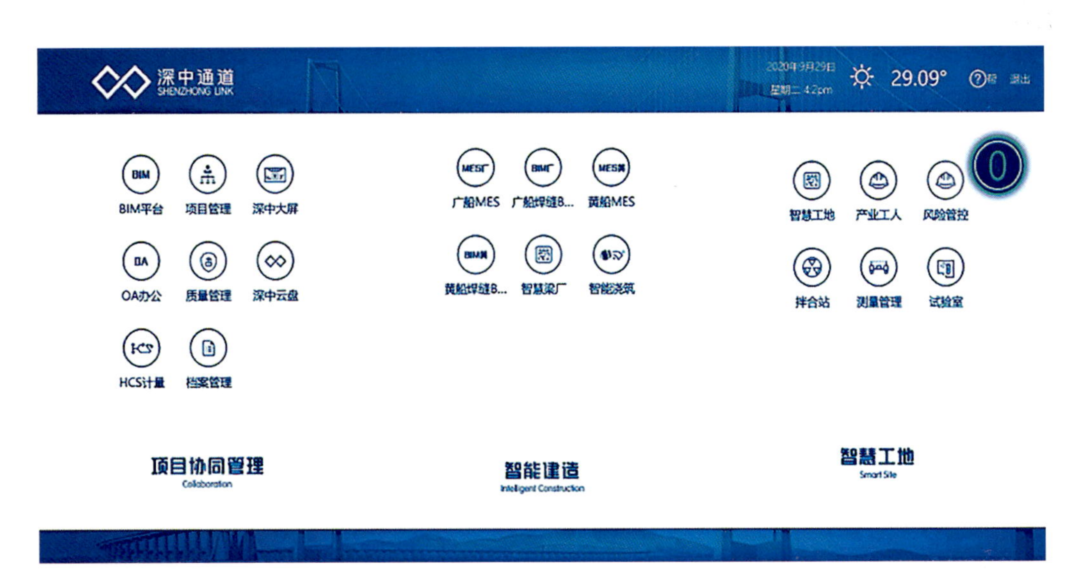

图4-34　BIM协同平台

图4-35 智慧深中大屏

事主管部门牵头建立共享信息中心或联合调度指挥中心，全面实现海事监管工作专业化、信息化、智能化管理。各管理方依据通航管理的法律法规，建立规章制度，实施船舶交通管理、现场巡航管理、航道标志管理、水上交通秩序管理、锚泊安全管理、灾害天气管理，实现通航安全和保障海上作业安全。

4.4.2 智慧工地

1. 智慧工地的内涵与意义

1）智慧工地的定义

智慧工地是智慧地球理念在工程领域的行业具现，是一种崭新的工程全生命周期管理理念。智慧工地是指运用信息化手段，通过三维设计平台对工程项目进行精确设计和施工模拟，围绕施工过程管理，建立互联协同、智能生产、科学管理的施工项目信息化生态圈，并将此数据在虚拟现实环境下与物联网采集到的工程信息进行数据挖掘分析，提供过程趋势预测及专家预案，实现工程施工可视化智能管理，以提高工程管理信息化水平，从而逐步实现绿色建造和生态建造。智慧工地的核心是以一种“更智慧”的方法来改进工程各干系组织和岗位人员相互交互的方式，以便提高交互的明确性、效率、灵活性和响应速度。智慧工地将更多人工智慧、传感技术、虚拟现实等高科技技术植入建筑、机械、人员穿戴设施、场地进出关口等各类物体中，并且被普遍互联，形成“物联网”，再与“互联网”整合在一起，实现工程管理干系人与工程施工现场的整合。

2）智慧工地的特征

“智慧工地”是建立在高度信息化基础上的一种支持对人和物全面感知、施工技术全面智能、工作互通互联、信息协同共享、决策科学分析、风险智慧预控的新型信息化手段。“智慧工地”聚焦工程施工现场，紧紧围绕人、机、料、法、环、测等关键要素，综合运用BIM技术、物联网、云计算、大数据、移动和智能设备等软硬件信息化技术，与一线生产过程相融合，对施工生产、商务、技术等管理过程加以改造，提高工地现场的生产效率、管理效率和决策能力等，实现工地的数字化、精细化、智慧化管理。

“智慧工地”是BIM技术、物联网等信息技术与先进施工工艺工法深度融合的产物。从这个角度来讲，“智慧工地”具有以下四个特征：

（1）聚焦施工现场一线生产活动，实现信息化技术与生产过程深度融合。传统企业信息化的实施聚焦管理流程，以表单、流程、统计分析为主要应用手段，形成填报式的信息化模式，往往造成数据的失真、延迟和不一致性，也无法真正提高现场监管能力。为了实现现场的各种资源要素更加有效率，质量、进度、成本的监控更加到位，就需要突破传统的信息化应用模式，将信息化技术应用到一线工作中，真正解决现场的业务问题。如在劳务管理上，将一卡通、人脸识别、红外线或智能安全帽等新技术应用到劳务管理的考勤、进出场、安全教育等业务活动中，实现现场劳务工人的透明、安全和实时的管理，这才是“智慧工地”应用的目的和核心特征。

（2）保证数据实时获取和共享，提高现场基于数据的协同工作能力。这包括两层含义，一是在现场数据的采集方面，要充分利用图像识别、定位跟踪等物联网技术手段，实时获取现场的人、事、物等管理数据，并能通过云端实现多方共享，保证信息的准确性和及时性；二是在信息的共享方面，按照项目现场业务管理的逻辑，打通数据之间的互联互通，形成横向业务之间、纵向管理层级之间的数据交互关系，避免信息孤岛和数据死角，并通过移动终端等技术手段，基于这些数据实现协同工作，提高解决问题和处理问题的效率。

（3）强化数据分析与预测支持，辅助领导进行科学决策和智慧预测。“智慧工地”应建立数据归集、整理、分析、展示机制，并对现场采集到的大量工程数据进行数据关联性分析，形成知识库，利用这些知识对信息进行分析、计算、比较、判断、联想、决策，提供管理过程趋势预测及专家预案，及时为各个管理层级提供科学决策辅助支持，并通过智慧的预测能力对管理过程及时提出预警和响应，实现工地现场智慧管理。

（4）充分应用并集成软硬件技术，满足施工现场变化多端的需求和环境，保证信息化系统的有效性和可行性。“智慧工地”需要融合新型信息技术，以一种“更智慧”的方法来改进工程各干系组织和岗位人员交互的方式，提高交互的明确性、效率、灵活性和响应速度。信息技术应用的重点包括：一是要采用物联网技术，将感应器植入物料、机械、人员穿戴设施、场地进出关口等各类物体中，并且被普遍互联，形成物联网，再与互联网整合在一起，实现万物互联；二是集成应用移动技术和云技术，在现场实现工程管理干系人与工程施工现场的整合，保证实时协同工作；三是智能化施工设备的应用，例如，采用基于GPS、数字摄影测量、物联网等多种智能测量技术，解决特大型、异形、大跨径和超高层等桥梁结构工程的测量速度、精度、变形等技术难题，实现对桥梁结构安装精度、质量、安全、施工进度的有效控制；四是应用集成化平台，可满足企业和项目部对工地现场进行统一管理和监控的需求，同时，大量的数据也需要进行统一的汇总分析。因此，有必要在规范不同系统标准数据接口的基础上，建立集成化的平台系统，实现“智慧工地”集成监管系统，并保证其与现在的管理体系和软件系统等实现无缝整合。

3）“智慧工地”的应用价值

“智慧工地”通过先进信息化技术的综合应用，可实现施工现场关键要素的实时、全面、重点的监督和管理，有效支持现场工作人员、项目部管理者、企业管理者乃至行业管理部门项目的管理工作，提高施工质量、成本和进度的控制水平，保证工程项目成功。“智慧工地”的应用价值包括以下几个方面：

（1）有效提高施工现场人员工作效率

“智慧工地”的应用可有效提高现场人员工作效率，这主要表现在三方面：

①合理提高施工组织策划的合理性。通过BIM技术可模拟施工组织、优化施工进度、合理安排工序的流水作业，保证每个施工人员工作量均衡，避免出现人员限制或超负荷工作等影响整体效率的不良状况。

②合理优化资源配置。人员的工作效率与施工机械、材料等生产资料的合理调配有着直接关系，机械或材料的不到位或短缺都有可能造成人员的窝工，影响进度。“智慧工地”的应用可以保证现场材料、设备和场地布置等的有序管理，保证机械设

备、材料、场地布置的合理调配。如通过二维码、智能识别等技术自动清点现场材料数量，保证施工材料充足，同时通过移动协同平台在材料进场之前，及时协调联系各个施工负责人，避免材料过多或过少带来的问题。通过BIM场地布置软件优化场地配置，减少二次搬运。

③提高现场人员的沟通效率。现场很多工作的延迟或其他问题都是因为相关干系人不能及时沟通和共享信息造成的。“智慧工地”通过移动应用、移动终端和云计算，实现随时随地的沟通，通过语音、图片和视频以及与BIM模型的对比分析，与相关干系人共同解决施工现场出现的问题。

（2）有效增强项目现场生产的综合管控能力

项目现场生产的综合管控是指对项目的多个方面，包括进度、成本、质量、安全、人员和环境单位等进行综合管理和控制。施工现场多工种联合作业，人员流动大，是事故隐患多发地段，“智慧工地”的应用能有效增强现场管控能力，主要包括以下几个方面：

①从业务数据角度来讲，现场数据是项目管理的基础。“智慧工地”综合应用定位技术、传感器和识别技术等物联网技术进行现场数据的采集，一方面，保证了现场数据的准确性、及时性、有效性；另一方面，通过集成监管平台，使得一线生产数据一通到底，实时呈现在管理人员面前，为管理提供可靠依据。同时，大量的数据积累汇总至集成监管平台，通过数据分析，为科学决策提供依据。如通过劳务实名制系统准确记录农民工在某个工地的劳动状况，以此作为薪酬的凭证。另外，根据企业和农民工的表现，设立双向“黑名单”制度，构成公路工程建设项目的征信记录，从根本上解决农民工和企业的薪酬纠纷。

②通过现场视频监控、安防报警等技术手段建立安全监督网，保证安全生产；通过智能设备提高质量检查的准确性和效率，降低质量和安全事故发生率；通过基于BIM的4D管理，提高进度计划与其他资源计划的协调配套力度，过程中合理地调配施工资源，正确指导生产活动；通过物联网称重、识别、二维码等技术加强对施工材料的管控。如通过地磅系统精确获取进场材料的重量，消除虚报材料现象，节约成本；通过定位技术、劳务实名制等实现现场人员的精准管理，包括考勤、位置等的及时获取，关联安全系统，可对人员进行危险源范围报警等；通过基于BIM的5D管理，对施工过程合同资金、成本进行可视化管理，例如5D中分部分项构件与合同、分包、流水等绑定，精确控制材料领用，实现材料控制。

③精益管理认为材料采购不及时、机械设备不到位、质量安全事故等是造成现场浪费的根源，管理核心就是减少浪费。“智慧工地”通过管理和技术能力提升等手段，对现场生产全过程每个环节进行监督与管理，及时发现或预测问题并协同解决，可极大减少进度延迟、质量安全事故、沟通协同不畅等问题，消除每个环节的浪费，最终提高项目效率与效益。

（3）有效提升行业监管和服务水平

“智慧工地”不仅应用在企业中，也包括行业对施工现场的智慧监管内容。政府主管部门通过建立基于BIM技术、物联网、移动通信等技术的工程质量、安全监管平台，实现对项目施工现场人员、机械设备、临时设施等安全信息实时采集和汇总分析，及时发现安全隐患，提高现场安全生产监控能力，减少和杜绝安全生产事故的发生。利用智能化手段建立完善的质量溯源机制，规范质量检查、检测行为，及时发现质量隐患，保障数据可追溯。推进劳务实名制管理信息化，建立基于物联网、大数据的行业劳务实名制管理平台，通过物联网、智能设备等技术手段，实时监控劳务人员在工程现场的劳务动态和现场的分布，并实现与工程现场劳务人员安全、环境教育培训的信息联动，提升劳务管理水平和公路项目施工企业现场的劳务管理能力。通过劳务实名制管理平台与诚信管理系统的对接，实现劳务人员信息的共享等。

2．智慧工地应用实例

推行BIM模型技术在施工阶段的应用，助力智能制造、智慧工地建设，提升工作效率及施工质量控制。利用BIM模型技术结合数控加工设备、智能焊接技术、测控新技术等实现钢结构的智能制造、钢筋骨架的数值化加工及混凝土的智能浇筑，提升施工质量；积极推广工艺监测、安全预警、隐蔽工程数据采集、远程视频监控等设施设备在施工管理中的集成应用，推行“智慧工地”建设，提升项目管理信息化水平（图4-36）。

以深中通道为例，深中通道的智慧工地方案，是系统平台和智能终端的全面结合。方案整体架构可以分为四个层次，即前端感知层、网络层、应用层和用户层。前端感知层包括各种施工监控传感器（位移、温度、倾角、压力等）、劳务人员的智能工卡（定位）、车辆GPS、设备和船舶传感器等。网络层用于将采集到的数据通过工地物联网传输到互联网上，进而传输给协同管理平台。应用层提供了智慧工地的具体应用子系统，比如班组实名制管理系统、设备安全监控系统、试验室监控系统、视频

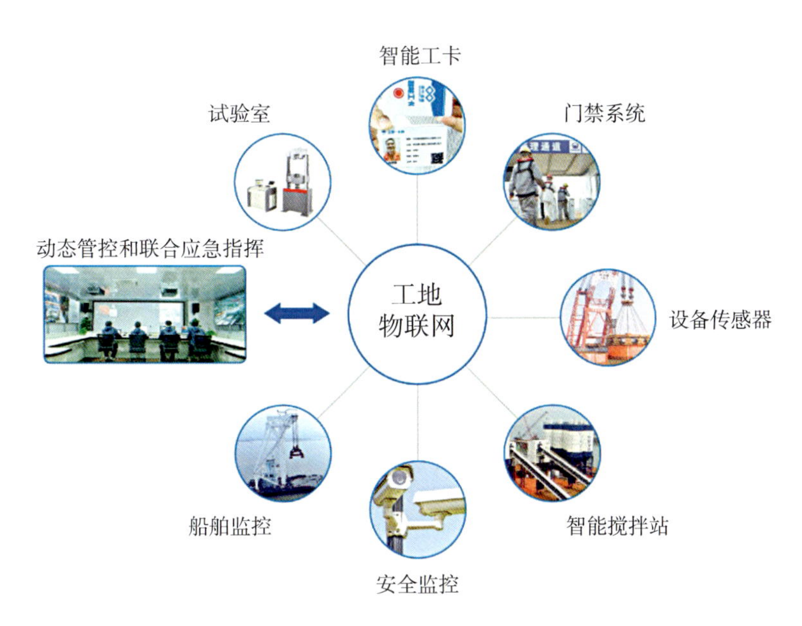

图4-36　工地物联网

监控系统等。用户层包括建设、施工、监理和咨询单位，各类用户通过手机端、Web端和PC端登录协同管理平台，开展相应的工程管理。

施工劳务人员配备的智能工卡和智慧深中APP均具备定位功能：

（1）智慧工地系统对劳务人员的位置信息展现在GIS平台上，使管理人员可实时掌握标段内的施工人员分布状态。当劳务人员发生意外危险时，可通过智能工卡和智慧深中APP的一键求救功能进行报警求救。应急指挥平台收到报警信号后，可立刻确定求救人员的位置，组织施救。

（2）在施工机械设备上安装GPS定位芯片，施工船舶接入船讯网。智慧工地系统将机械设备和船舶的位置信息展现在GIS平台上，使管理人员可实时掌握项目内机械设备和船舶的分布状态。对于选定的重要设备和船舶，智慧工地系统可进行设备的运行轨迹跟踪和分析。

（3）在特种作业设备（塔式起重机、架桥台车等）上布置各种传感器，实时采集特种作业设备的运行监控信息。常用的设备传感器包括风速传感器、位移传感器、倾角传感器、压力传感器、千斤顶行程传感器、应变传感器等。通过数据采集设备采集特种作业设备的监控数据，并将数据通过无线网络接入智慧工地系统，实现对特种作业设备的安全监控和管理。

（4）在施工现场、构件加工预制工厂等场所安装视频监控摄像头。监控摄像通过无线网络连接将视频信号传递给智慧工地系统。深中通道在主线上布设7个视频监控点位，包括测控平台、中山大桥的桥塔、伶仃洋大桥的桥塔和锚锭、东西人工岛、运输航道、浮运吊装设备和沉管预制场。摄像头型号包括360°全景摄像机和防腐蚀球机两种。除主线外，在试验室、混凝土拌合站、构件加工厂等位置也布置各类摄像头，型号包括半球机和枪机等。在各标段试验室推广试验设备自动化和信息化技术，实现对压力机、试验仪等试验仪器的数据自动采集、自动传输、自动计算、自动出图功能，保证试验数据的真实有效和实时反馈。将试验室监控数据接入智慧工地系统，实现对试验室的监控和管理。

第5章

跨海重大交通基础设施质量精细管控

质量是工程建设的灵魂和生命，“百年大计，质量第一”是我国工程建设的基本方针之一。建设工程质量是工程建设投资的关键目标，质量的优劣，关系到人民的生命安全，关系到工程的正常运行。无论是企业的发展、工程建设行业的发展，还是国家的发展，质量贯穿于其始终。经过多年努力，我国跨海重大交通基础设施建设质量工作取得了积极成效：一是质量管理法规制度建设得到加强，二是质量技术标准体系进一步完善，三是工程质量技术进步取得新进展，四是工程质量管理水平不断提高。相继建成的一大批举世瞩目的重大公路工程，规模、质量和技术都集中展示了我国建设者的聪明才智和质量管理水平。

5.1 | 工程项目质量管理

工程项目质量管理是指在工程项目质量方面指挥和控制组织的协调活动。通常包括制定质量方针、质量目标和质量计划，以及通过质量策划、质量保证、质量控制和质量改进，组织实现这些质量目标的过程。工程项目质量管理的目的，是通过管理工作，使建设项目科学决策、精心设计、精心施工、产品合格，保证建设目标的实现。

工程项目质量管理具有如下特点：

（1）工程项目的质量特性较多。需要考虑项目的可靠性、耐久性（寿命期内功能的持续性，减少维修量）、安全性（人身安全、运行安全）与环境的协调性。

（2）工程项目形体庞大，高投入，周期长，牵涉面广，风险多。

（3）工程项目质量影响因素多。工程项目不仅受工程项目决策、勘察设计、工程施工的影响，还要受到材料、机械、设备的影响。工程所在地政治、经济、社会环境以及气候、地理、地质、资源等因素对工程项目质量的影响也不容忽视。

（4）工程项目质量管理难度较大。工程项目是一次性成果，每个项目都有各自的特点和区别，质量管理工作需要不断地适应新情况。同时，建设项目的周期长，实施过程中情况不断变化，许多新因素不断加入，这就给工程项目质量管理带来难度。

（5）工程项目质量具有隐蔽性。工程项目中分项工程交接多，中间产品多，隐蔽工程多，如不及时进行监督检查，事后很难发现内在的质量问题。因此，必须加强过程中的监督检查。

5.1.1 工程项目质量管理的基本方法

质量管理的方法很多，这些方法各具特点，在不同的专业领域发挥着不同的作用。其中三阶段控制法、三全控制法和PDCA循环管理法三种方法应用比较广泛。

1．三阶段控制法

三阶段控制法，即对质量进行事前控制、事中控制和事后控制。事前进行计划预控，事中进行自控和监控，事后进行偏差纠正。上述三阶段控制构成了质量控制的系统过程。

事前控制要求预先进行周密的质量计划。事前控制包括两个方面，一方面强调质量目标的计划预控，另一方面强调按质量计划进行质量活动前的准备工作状态的控制。

事中控制首先是对质量活动的行为约束，即对质量产生过程各项技术作业活动操作者在相关制度管理下的自我行为约束的同时，充分发挥其技术能力，完成预定质量目标；其次是对质量活动过程和结果，来自他人的监督控制。事中控制虽然包含自控和监控两大环节，但关键还是增强自我控制。

事后控制包括对质量活动结果的评价认定和对质量偏差的纠正。对计划预控过程所制订的行动方案考虑得越周密，事中约束监控的能力越强，实现质量预期目标的可能性就越大。因此当出现质量实际值与目标值之间超出允许偏差时，必须分析原因，采取措施纠正偏差，保持质量受控状态。

2．三全控制法

三全控制法，即实行全面质量控制、全过程质量控制、全员参与质量控制。

全面质量控制是指产品质量和工作质量的全面控制，工作质量是产品质量的保证，工作质量直接影响产品质量的形成。

全过程质量控制是指根据工程质量的形成规律，从源头抓起，进行全过程质量控制。

全员参与质量控制是指每个岗位都承担着相应的质量职能，一旦确定了质量方针目标，就应组织全体员工参与到实施质量方针的系统活动中，发挥每个人的作用。全员参与质量控制的重要手段是目标管理。

3．PDCA循环管理法

PDCA循环又叫戴明环，是美国质量管理专家戴明博士提出的。PDCA包含四个阶段：计划（Plan）、实施（Do）、检查（Check）、处理（Act）。全面质量管理活动的全部过程，就是质量计划的制订和组织实现的过程，这个过程就是按照PDCA循环周而复始地运转。

5.1.2 以质量为核心的项目建设管理体系

对于跨海重大交通基础设施的质量控制而言，质量的涉及面广、影响因素多，同时参与的主体众多，技术与人为因素共同作用于质量，难以做到全局性把控；局部质量问题变异性大，如果某一关键部位质量不好，可能会使局部质量问题放大并辐射到工程全局，引发重大质量问题，造成严重后果，而且这种放大与辐射路径是很难预见和把握的；质量问题隐蔽性强，工程质量是在工程建设的全过程中形成的，人们很难在项目立项和决策阶段充分认识和准确预测各阶段的全部质量需求，而且在运用新技术、新工艺和新材料的过程中，缺乏成熟的质量标准，这些都增强了质量问题的隐蔽性。

质量控制贯穿了跨海重大交通基础设施建设的全过程，包括方案的决策、设计的深度、施工的质量等。跨海重大交通基础设施建设过程中业主、设计、施工、科研、监理等各方人员，以及材料、设备、工序等都会影响工程质量。同时，质量又不是孤立的，质量贯穿了施工全过程，需要全员参与，同时质量又同其他目标紧密关联，渗透到具体的管理活动中。当前，工程建设过程中一般存在多个利益主体，工程建设主体要通过有效的机制和方法来保证各参建单位有较高的质量意识及工程质量控制执行力。

1．跨海重大交通基础设施质量控制体系构建与组织保障

质量控制是一个系统工程，需要采用系统管理的方法进行系统分析和系统综合才能实现对工程质量的有效控制。

1）质量管理的组织保障

从整体而言，我国近三十年来的公路工程现场的质量管理体系在不断地完善。对于跨海重大交通基础设施而言，已然形成了政府监管、业主抽检、企业负责、监理复检的监管体系，这一体系成了质量管理的有效组织保障，其中质量管理的主体是企业（图5-1）。

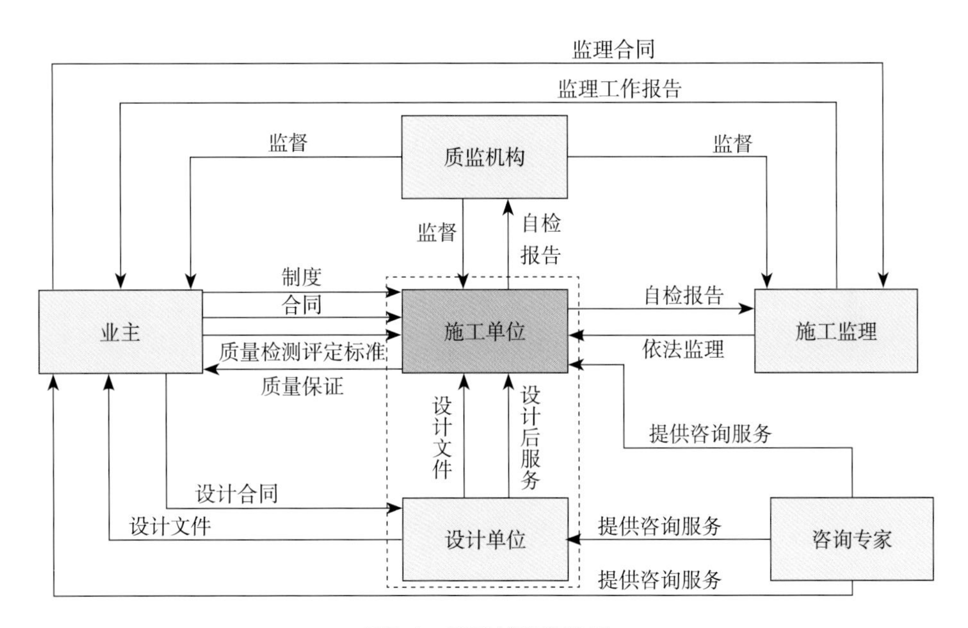

图5-1　质量控制组织体系

具体而言，跨海重大交通基础设施质量控制的系统分析首先要做好质量规划，确定项目建设的质量目标，识别及制定质量标准、明确质量控制程序，并确定工程的创优计划。

业主单位是跨海重大交通基础设施质量控制组织的核心，业主要在其中发挥关键作用，对质量控制实施战略进行指导与决策，协调各参建单位做好质量控制工作，必须建立有效的控制组织体系，设计好相应的制度、流程和方法。跨海重大交通基础设施的质量保证体系在质量管理体系的发展基础上经过三十年不断的提炼总结、不断的集成和创新，在探索的过程中不断成熟，已经较为全面和完善。

早期的时候，对于质量管理的组织保障上积极地吸纳了监理制和政府监管的力量，监理制度并不完善，队伍并未形成，业主也缺乏建设经验。这一阶段，采取政府、业主、监理三者协同参与的方式，可以较好地发挥各自的优势；在中期的高速公路建设上，建设管理力量已经初步形成，业主开始要求各参建单位形成专门的质量目标和计划，并且在质量保障上，将管理触角进一步延伸和具体化，逐渐形成质量的责任制度；到近几年，一些跨海重大交通基础设施质量管理制度进一步健全，质量保障制度进一步多样化，质量控制形成网络化结构。

2）质量控制体系构建

要做到各参建单位协调有序的工作，保证工程质量，必须要有一套科学和完整的管理制度。管理的组织与保障体系固然需要进一步完善，管理制度的细化则依赖于进一步的贯彻与落实，形成制度性的文件才能使得质量有“法”可依，从而确保质量控制的科学、规范。质量管理的制度性文件的形成也并非一蹴而就，也经历了很长一段时间的酝酿，积极借鉴其他领域的管理文件、制度，逐渐形成了具备工程特色的文件体系。

2．跨海重大交通基础设施质量控制的基本手段

跨海重大交通基础设施质量控制以全面建设质量控制体系为基础，在健全组织体系、明确相关单位责任的同时，以过程控制为重点、落实现场控制为根本，注重微观、细节与节点控制；同时还要关注制度、条例、程序和流程，即要使得过程中的每一个“点”，都要有所涉及。在跨海重大交通基础设施的建设中，从过程、关键控制点、人员的角度形成了一套质量控制的措施和手段。

具体而言，这些质量控制的措施和手段也在一步步完善的过程之中，总的来说，形成了事前、事中、事后的综合质量管理体系。

1）事前控制

对于跨海重大交通基础设施而言，质量控制涉及众多方面，既包括前端的设计质量，也包括施工单位的质量控制，涉及的单位众多，因而对质量计划编制的关注度就尤为凸显；一些设计方案考虑的因素众多，在具体施工之前需要设计与施工进行协同研究；在实际施工的过程中，施工的工艺、对象存在不确定性，施工的方案需要提前编制、多方参研。

（1）质量计划编制

对于质量计划，在国外大型工程中运用较多，通过跟踪质量、监督施工，使施工质量处于全过程受控状态，因此是解决重战略、轻执行问题的有效措施。

在跨海重大交通基础设施的建设上，业主逐步开始着手推进质量计划的编制，质

量计划要偏重于对施工现场的管理控制，对具体过程、工序、人员等做出明确的安排，对施工过程可能影响工程质量的环节进行控制，以合理的组织机构、合格的人员、必要的控制手段确保工程质量。

（2）开展施工方案研究

施工方案是以分部工程为对象，以施工组织设计为指导，按照施工任务的工程属性，对构成特定施工任务的各个分部工程进行分析、研究，对每一分部工程制定具体的施工方法来指导施工。对于分部工程，按照施工方案去实施会取得预想的结果。另外，施工方案是对施工组织设计的补充和完善，从较细的分部工程来探讨如何组织施工，与施工组织设计是相辅相成的。

（3）优化设计方案

无论是在技术设计、施工图设计阶段，还是在工程实施阶段，科学的设计是创建优质工程的基础。设计与施工在现场开始结合的时候，需要经过大量的磨合，具体而言，跨海重大交通基础设施的业主要以保证工程质量为出发点，在建设过程中，不断对设计进行论证和优化。

（4）突出重视耐久性

跨海重大交通基础设施是否能够达到较长时间的设计寿命，取决于其关键物理构成的耐久性，其中又主要包括混凝土及钢结构的耐久性。混凝土性能变化劣化的主要因素来自碳化、酸雨侵蚀、冻融作用、碱—骨料反应、海水侵蚀等。耐久性的实质是抵抗内部劣化因素和外部劣化因素引起的损伤导致劣化作用的能力。

2）事中控制

跨海重大交通基础设施的现场质量控制必须以过程控制为重点、落实现场控制为根本，注重微观、细节与节点控制。事中控制包括很多方面，涉及工程进行中的技术交底、对材料及施工过程的相关要素进行控制，以确保工程建设品质；同时，鉴于跨海重大交通基础设施的个体部件的特殊性，现场质量控制更要关注对于部件的首件首项的预制与试验。另外，跨海重大交通基础设施建设的现场也要关注施工中的人为因素对质量的改进与影响，需要积极吸纳国内外专家的意见，更要重视对现场一线员工的培训工作。

（1）施工过程质量控制

施工过程的质量包括现场的许多细节控制，业主需要以精细化的参与态度加强日常的施工监管。

（2）全面落实质量责任制

国家对于大、中型工程项目一直在大力推行质量责任制，对于增强质量意识、强化工作责任心、遏制重大恶性事故、保证工程质量发挥了重要作用。施工阶段的质量责任主要在施工、监理单位，每一名现场施工人员都是最直接的质量责任者。

时至今日，质量责任制已经成为跨海重大交通基础设施建设的通行做法。业主非常注重过程质量管理，要求施工、监理单位加强每个工序、每个施工环节的检查，有效落实“自检、互检、专检”等三检制度，进一步健全从项目部、施工队、班组到个人覆盖各职能部门纵向到底、横向到边、控制有效的质量检查体系。

（3）推行首件工程认可制

首件工程是每一批同类工程正式施工的第一件产品，首件工程完成的好坏，直接影响到同类工程的施工工效和质量。首件工程认可制的目的是首件工程要体现设计要求、达到规定的质量等级，把抽象的设计要求和繁复的标准、规范和规程具体化、实物化，使全体施工人员看得见、摸得着，便于对照。

在国内交通建设尤其是高速公路工程建设中，首件工程认可制三十年来从起步走向成熟，已经成为分项工程和预制化生产的基本制度，通过公路项目的施工实践，首件工程认可制在提升质量、确保零缺陷方面发挥了重要的示范作用，是经过实践证明了的一种行之有效的质量控制制度。通过首件制认真总结施工工艺、施工方法和具体的质量控制措施，认识施工难点，培训广大建设者。

（4）设置测量中心及试验室

测量、试验检测机构是每个施工、监理单位必备的，在中小型项目建设中一般都由施工、监理单位自己建设。但对于跨海重大交通基础设施这样的大型复杂工程，测量、试验检测技术复杂、专业性强、精度要求高，相关工作环环相扣，不容许出现丝毫差错，否则，后果不堪设想；承建单位由于专业人员、技术、设备等方面的原因，可能导致量测质量得不到应有的保证；各单位自行、分散开展检测，结果难以统一，公正性也可能存在问题。因此，在跨海重大交通基础设施建设测量、试验控制环节上，仅仅依靠承约方的力量是远远不够的，必须改革创新，才可能适应大型复杂工程的建设要求。

（5）整合国内外专家资源

跨海重大交通基础设施的质量控制，只有整合国内外建桥力量、充分借鉴国内外先进质量理念和方法，才能实现全方位建设质量保证体系。

（6）落实一线培训

为妥善解决工程建设中一线人员普遍存在质量意识和质量控制能力不高的问题，跨海重大交通基础设施建设需要打造一支技术熟练和工艺精湛的施工队伍，选择优秀人员参与施工和管理，清退不能胜任施工要求的人员，规范培训程序，提高培训质量和效果，提高整个操作层的施工技能及施工素质。

（7）施工方案、指南图纸化

跨海重大交通基础设施建设还应扩展施工图纸的内涵，大力推行施工现场技术方案、工艺流程图纸化、程序化，增强实施质量责任体系的科学性、有效性和操作性。结合相关施工方案和施工图纸，对所属标段的各主要分项工程按施工工序、施工流程进行分解，并配合简单的图例，在此基础上编制供一线工人使用的、简单易懂的现场操作指南。

图纸化的工作要求施工单位组织深入研究，细化施工技术方案，把各项具体要求通过工程语言图纸化，细化到每一个施工环节和工序中，形成详细的分项工程施工组织设计和作业指导书；在施工方案编制完成后，由施工单位组织技术交底，发放相关作业指导书，使作业队了解并熟悉现场的施工工艺，使一线人员能通过图纸直接施工；施工单位对现场施工进行技术跟踪，对关键工艺进行全过程指导，了解、掌握施工现场方案实施情况，并及时解决现场存在的问题。

3）事后控制

跨海重大交通基础设施建设项目完工后，需要组织进行质量检查评定和验收，其目的主要是事后控制工程质量是否符合设计要求，合同中有关条款和国家技术标准、规范规定的质量标准，是否满足业主对建设项目的功能和使用价值的要求，同时通过及时总结，对技术发展的经验加以总结。

5.2｜设计质量提升

1．创新设计管理机制

如第4.2.3节中所述，跨海重大交通基础设施项目结合自身特点，在关键性控制工程总体方案及初步设计阶段引入国内外优秀设计单位开展平行设计，集思广益、择优汇总形成推荐方案。在初步设计和施工图设计阶段注重平行设计的互为咨询、相互校验，提高方案的合理性和设计质量。充分发挥全过程设计咨询作用，以设计总体组、咨询单位、专家委员会作为技术支撑，积极开展设计文件内审，对设计文件的编制质量、深度和方案合理性严格把关，提升咨询审查对方案研究的贡献度。

2. 标准化设计

设计标准化、预制装配化是跨海重大交通基础设施项目打造一流“平安百年品质工程”，树立行业标杆的重要举措。桥梁上部结构（桥隧结合段桥梁200m除外）、桥墩、沉管隧道结构均采用标准化设计，为工业化制造、装配化施工创造条件。

以《广东省高速公路工程设计标准化指南》与行业内其他设计标准化文件为基础，桥梁结构尽可能采用常规桥型，最大限度统一结构形式、跨径，提升预制化、装配化比例，推动提高桥梁建设工业化水平。注重工程效果，坚持因地制宜，处理好工程设计标准化与灵活设计的关系，合理确定适宜开展标准化设计和单体专门设计的具体条件，做到构件类型最少化、构件图纸简单化、构件数量清单化（图5-2）。

深化设计标准化与施工标准化的融合，加强设计标准化和施工标准化的良性互动机制。设计中充分考虑装配化要求，以便于实现预制生产和现场安装及提高桥梁施工装配化、工厂化、机械化水平，努力优化结构构造、配筋配束、附属设施设计，消除设计通病（图5-3）。

图5-2 两座主桥建筑风格一致，形成姊妹桥格局

图5-3 桥梁上、下部结构标准化设计

创新“大临永久化”理念，贯彻“大临集约化”要求，实施大临工程标准化、装配化设计，在设计阶段详细摸排沿线建设条件，根据施工组织研究、超前规划大临配布，成果纳入招标合同并清单化，为参建单位迅速组织生产奠定基础。

3. 建管养一体化

1）远景扩展需求考虑充分

建设单位和设计单位应充分调查区域经济发展规划、区域交通现状与规划、沿线城镇经济发展与出行需求、自然资源、中长期交通量、吞吐量等，明确跨海通道项目功能定位。工程结构物、服务设施、管理设施、安全设施等符合相关标准规范要求，并满足中长期交通量及环保需求。工程结构物、服务设施、管理设施、安全设施在功能设置、技术水平、服务能力等方面按照统筹规划、总体设计、分期实施的原则配置。

2）检养设计具有前瞻性

统筹考虑后期养护管理工作需要，合理设置桥梁、隧道、高边坡等结构物的检修通道、作业平台等，做到可达、可检、可修、可换。具体包括：

（1）隧道工程：隧道设置检修道，排水沟设置检修口，预留预埋件考虑充分，方便机电设施维修。

（2）桥梁工程：桥台锥坡设有步道，桥台处设有检修平台；大型箱梁设置人孔、梁外检修车，箱室内设置照明设施等；桥墩、桥塔、拱肋等设检修通道；水下结构物做专门的检修设计；斜拉索、伸缩缝、支座等易损构件设计为可更换构件，并布置必要的预埋件，预留足够的工作空间；关键构件或部位（如斜拉索、预应力束）有更换、维修方案，并做好预留预埋。

3）监测设施留埋

建设单位、管养单位提出施工期、运营期预留预埋的需求，设计单位根据需求开展预留预埋设计。根据交通量或升级改造需求等进行运营期管理设施的预留预埋设计，并实施基础工程、地下管线及预留预埋工程，能够满足管理需要和兼顾远期扩展需求。预留预埋设计考虑可行性、可靠性、耐久性，对仪器元件制定施工期和运营期的保护措施。对重要桥梁、隧道、边坡、港口、船闸水工结构考虑将施工监测与运管健康监测进行一体化设计，与路段的监控设施统一规划设计。

4. 基于全生命周期的耐久性设计

跨海重大交通基础设施处于海洋腐蚀环境，所处环境恶劣，受海水、盐雾、海风及涨落潮干湿循环等因素影响，对结构耐久性要求较高。因此，为确保工程耐久性，结合工程特点和环境条件，贯彻全生命周期设计理念，强化建管养一体化设计，从材料到实体、由内至外，抓住关键细节，有针对性地开展耐久性设计，明确耐久性指标及控制要求，以保障结构全生命周期耐久性。

1）加强前期耐久性设计研究

明确跨海重大交通基础设施所处环境作用类别和等级，综合考虑工程区域咸淡水服役环境、结构外形、外观裂缝等因素，完善结构耐久性设计模型，确定不同腐蚀区域、不同构件的耐久性设计指标和控制措施。

2）结构形式和构造措施

以项目耐久性专题研究成果为基础，综合考虑结构功能、环境条件、施工条件和建设成本等因素，选择“受力简洁明确、结构构造合理、施工方便、质量可靠”的结构形式和构造措施，同时注重可维护性设计，构造设计注重可达、可检、易于养护的使用要求。

3）发展功能材料设计与应用

在海水影响区域内的构件，突破以单一力学性能为核心设计的传统方法，发展功能材料设计与应用，除强度和拌合物的和易性应满足设计、施工要求外，尚应针对抗渗性、抗蚀性、防止钢筋锈蚀的性能提出合理的控制指标和控制标准。应用高性能混凝土新型抗蚀增强材料、有机无机复合表面涂层技术和强吸附疏水型高效阻锈剂等研究成果，分析100年以上设计使用年限下的防腐蚀附加措施及质量控制措施，提出满足超长寿命的混凝土结构耐久性实施方案，合理采用环氧漆、氟碳漆涂装、疏水化合孔栓物、环氧涂层钢筋等附加防腐措施。

4）原材料性能及耐久性控制指标

结合工程特点和环境条件，确定原材料性能和耐久性控制指标，对水泥、粉煤灰、粒化高炉矿渣粉、硅灰、粗骨料、细骨料、拌合水、外加剂、钢材、涂装材料等原材料的性能指标提出要求。

5）实体结构关键指标控制

根据构件类型、使用环境合理确定混凝土强度等级、裂缝宽度、保护层厚度等指标；加强对预应力波纹管、浆体性能及压浆技术、锚固端封罩及封锚层材料、施工质量等耐久性控制要求；加强钢箱梁焊接工艺、焊缝的质量管理。

6）表面防腐涂装设计

对钢结构或混凝土结构采取必要的防腐蚀附加措施，对重要构件易发生严重腐蚀部位提出耐久性监测系统的布置要求；对钢箱梁开展专项防腐设计；对全线排水管、土建预埋件外露部分、护栏钢立柱底板与混凝土基座的缝隙、海上部分桥梁的墩柱、承台、桩基、支座等提出合理防腐措施。

7）开展大体积混凝土抗裂设计

应用专题研究成果，采取水下锚固系统耐久性防护措施，解决锚碇混凝土防渗抗裂问题。合理采用内掺玄武岩纤维等抗裂措施，提升索塔塔柱混凝土抗裂性能。

5．生态环保设计

结合项目功能定位、主流交通量适应性、路网符合性、均衡性、城市规划符合性以及对城市产业布局影响等，对项目走廊方案进行论证和综合比选，最终确定最优走廊方案。最优方案路线应具备顺直、与主交通流向适用性好等优点，且有利于提升项目功能质量、绿色质量，在资源节约及节能减排方面成效显著。

从预期交通功能、安全风险控制、水文和地质条件的适应性、水利防洪、海洋生态环境适应性、绿色节能等方面选择桥隧设计方案。在满足通航要求下，优化隧道口门宽度、隧道长度及纵断面设计，减少基槽疏浚量；开展跨海通道全线冲淤分析，结合研究成果，优化纵断面设计，减少疏浚量；开展基槽合理边坡稳定性分析，基槽边坡选择合理坡比，尽可能减少基槽疏浚量。加强生态环保和美学设计，倡导人性化、本土化、绿色化设计，打造建设项目与环境保护和谐发展模式。

根据沉管隧道单向四车道的空间结构特点、交通流和日照条件等的变化规律，设计上采用针对性配光设计的隧道LED照明灯具，通过对加强照明亮度、色温指标的二元精细化调节，实现隧道照明安全性与节能效益的平衡；通过对照明系统的二次反馈控制实现对照明光衰的优化节能补偿；通过对照明供配电系统的节能改造实现提高转换效率、降低线损的目的；通过对隧道路面材料、立面材料的高亮度系数设计和应用，提高光源输出光通量的有效利用率，降低隧道照明系统的建设成本和运营能耗。在西人工岛积极利用太阳能和风能等绿色能源，减少能耗。

6. 建筑美学设计

设计方案需将功能性和景观性融合统一，符合人民群众对美好出行的高品质服务需求，贯彻人性化设计。

为了更好地实现工程结构设计与建筑美学设计的有机统一，深中通道开展了工程方案设计国际竞赛活动。最终，五个国内外联合体参加了项目方案设计国际竞赛，分别是：丹麦COWI+DW（建筑设计）；荷兰TEC+广东省交通规划设计院，建筑师为荷兰Mark Hemel；中铁大桥勘测设计院+中交一航院+上海市隧道轨道交通设计院；安徽省交通规划设计院+中铁二院+英国HYDER CONSULTING LIMITED；江苏省交通规划设计院+英国PARSONS BRINCKERHOFF（ASIA）LIMITED+上海高格设计公司（建筑设计）。从联合体的组成可以看出，多数团队联合了建筑师事务所或配置了建筑师。第一阶段竞赛排名如上述排序，排名前三的进入第二阶段竞赛，最终排名未变。

项目两阶段设计明确要求以竞赛优胜方案作为两阶段设计的基础方案，继承竞赛优胜方案美学设计成果的精髓。引入竞赛优胜团队参与项目的设计咨询及建筑美学专项设计，确保设计方案贯彻了优胜方案技术与美学的优点。工程方案由结构工程师和建筑师联合设计创作，通过反复迭代论证，确保在技术和美学层面均可行且综合最优。

深中通道要求各设计团队在制定设计方案时应遵循以下原则：

（1）功能优先：美学设计服从于结构需求，由工程师确立结构的基础框架，建筑师再对其开展反复的美学优化。

（2）风格一致：主体工程采用统一的设计元素（三角形、菱形、晶体切面），同时关注细节设计，护栏、灯柱等在建筑景观上与主体保持统一。

（3）融入地域文化：通道整体保持与两岸都市风貌相协调的现代简约风格，在此基础上高度重视房建设计，建筑造型应体现艺术、科学与自然的结合，作为融入岭南文化的最佳载体。

西人工岛设计方案对优胜方案的精髓进行了充分的吸收和采纳，岛型、功能布局、岛上房建设计基本承袭了竞赛优胜方案，结合实际情况稍作深化和优化，岛上风力发电机调整为更实用的隧道通风塔（图5-4）。

图5-4 西人工岛的竞赛优胜方案（左）与最终设计方案（右）

伶仃洋大桥为跨径超大、全离岸海中悬索桥，如采用空间缆方案，造价较高、施工难度较大，因此初设评审最终推荐了常规的平行缆方案。方案确定后，项目单位组织竞赛优胜团队的建筑师开展建筑景观专项设计，继承基础方案的美学精髓。最终推荐方案继承了棱角分明的建筑风格，统一采用晶体切面建筑元素。对于锚碇，改变了国内将主缆IP设置在桥面高度附近的习惯，沿袭优胜方案设计思路，将IP点后移来降低锚体高度，减小其结构体量，改善景观效果（图5-5）。

图5-5 伶仃洋大桥最终设计方案

中山大桥索塔风格与伶仃洋大桥保持一致。引桥桥墩与主桥索塔风格保持一致，墩型延续了竞赛优胜方案整体式桥墩的设计思路，墩头由三角钢架优化成施工更便利的大挑臂盖梁。桥梁附属设施运用晶体切面几何元素，与主体风格保持一致（图5-6）。

图5-6 中山大桥最终设计方案及两座主桥塔形对比

房建设施与主体结构风格保持一致，融入岭南地域文化。西人工岛的房建继承了竞赛优胜方案现代简洁的特征，为适应岭南地区的亚热带气候特点，屋面由封闭式玻璃幕墙调整为镂空式遮阳棚，满足通风、遮阳、采光等功能需求，具有生态、环保、节能等优势，体现出鲜明的岭南特色，是西人工岛乃至整个项目的点睛之处。项目管理中心房建也采用了现代简洁的风格，建筑立面大量运用镂空、格栅等设计元素（图5–7）。

景观照明设计方面，主要对主桥、西人工岛等标志性构筑物打亮外轮廓，营造梦幻、飘逸的美丽夜景（图5–8）。

图5-7　岛上建筑最终设计方案

图5-8　桥岛景观照明设计方案

5.3 工程实体质量提升

1．质量管控流程标准化

按照国内成熟管理模式构建跨海重大交通基础设施项目“政府监督、法人管理、社会监理、企业自检”四级质量控制体系。在此基础上，在“法人管理”环节引进测控中心、检测中心及特殊构件质量顾问（如钢壳等）等专业单位对法人质量管理力量进行有效补充和加强，从体系上加强质量控制。跨海重大交通基础设施应建立健全的质量控制体系及质量管理制度，编制《跨海通道项目质量管理规划纲要》等类似文件，明确质量管理目标、总体思路及保障措施，编制一系列与质量相关的管理办法。管理办法应明晰各管理要素项目法人内部及项目法人与参建单位之间业务流程，并纳入招标文件。

在具体的管理过程中，跨海重大交通基础设施项目可推行“七步法”质量过程控制流程（图5-9），全过程强化质量风险分析与评估，开展工程施工质量风险评估及

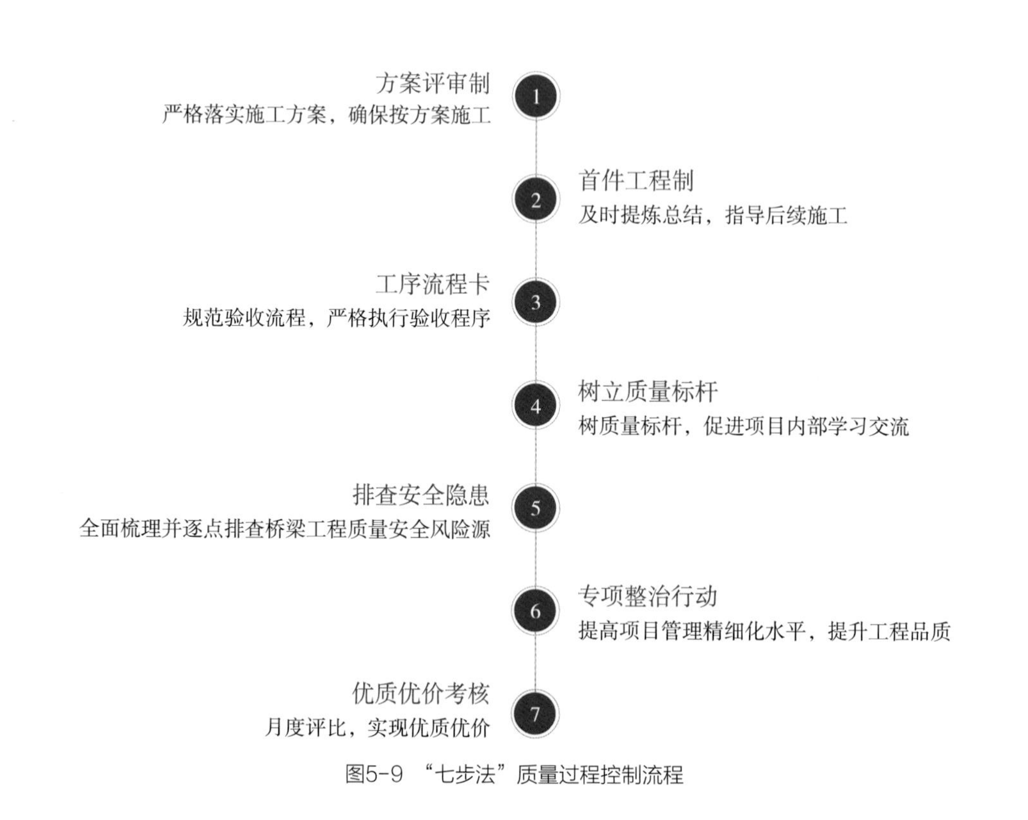

图5-9 “七步法”质量过程控制流程

重点难点分析，同时要求施工现场严格按审批方案执行。首先，方案落地，包括施工组织及工艺、工法方案审查，审查通过了才能进入施工环节；其次，首件验收，通过首件验收建立质量及工艺样板；再者，过程检查，建立监理、第三方检测单位、业主过程检查制度；最后，技术总结，持续提升。

进一步细化到各分部分项工程的质量管理，可在建设单位主导下逐步建立及细化桩基础、承台、桥墩、锚碇、主塔、上主缆架设、钢箱梁制造及安装、索鞍索夹安装、钢壳沉管制造、钢壳混凝土浇筑、DCM施工、碎石垫层、基槽开挖、沉管浮运沉放等系列标准化质量管控流程。

2. 严控原材料质量

工程材料质量是工程质量的基础，为确保结构物质量，建设单位制定原材料及原材料供应商管理制度及质量控制措施，从源头保障耐久性施工。如：组织原材料和外加剂产品供应商，按批复的配合比进行同条件试拌比对，确定最优原材料和外加剂，确保混凝土质量；选择标准稠度较低的水泥、级配良好的粗细骨料、严控混凝土拌合物氯离子含量，优化配合比，严控水灰比，提高抗氯离子渗透性等；对主要材料如钢材、水泥、石料（专用石场）、钢绞线等采用专供模式，钢壳混凝土用粉煤灰、矿粉、外加剂等由大型厂家按工业化产品生产认证专供，并利用“互联网+”、物联网技术实现原材料具备可追溯性；建立施工单位自检，监理、试验检测中心抽检制度，保障原材料进场质量。

3. 钢筋混凝土工程质量控制

1）混凝土工程质量管控

鉴于跨海通道项目一般具有混凝土总方量大、处于海洋环境、大体积混凝土（主墩承台、锚碇、隧道现浇段）问题突出等技术特点，混凝土工程质量控制关键因素为强度防渗性能（密实性）及大体积混凝土的控裂。主要措施：一是严控原材料品质，通过认证制度保原材料品质；二是加强混凝土配合比设计研究，按照各分项工程的受力要求及环境作用等级，选择合适配合比；三是强化拌合楼的性能要求，推行混凝土自动化生产及全过程监控，稳定混凝土的工作及力学性能，从而提高混凝土强度、防渗性能以及颜色的稳定和均匀性；四是开展大体积混凝土控裂技术研究，从原材料品质（应用中热水泥）、配合比设计（无收缩设计）、构造措施（浇筑长度及分段位置）、施工措施（入模温度及智能温控）四方面进行控制，有效控制混凝土开裂系数，从而基本消除大体积混凝土的裂纹质量通病；五是分类强化混凝土养护措施，有条件的开展全断面智能喷淋养护；六是采用钢管复合桩并加强水中承台耐久性措施，消除水下混凝土的冲蚀、溶蚀病害；七是加强模板的选型，改善混凝土外观质量；八是对预埋件及附墙件进行防腐，杜绝锈水污染。以上详见混凝土质量控制指南及大体积混凝土施工工艺及质量控制指南。

2）钢筋工程质量管控

钢筋工程质量控制关键因素为保护层厚度及间距控制、钢筋接头质量。主要措施：对桩基、桥墩节段、主塔节段等钢筋骨架利用BIM技术实现钢筋工程工厂数控化制造，成品化安装，从源头上保证保护层厚度及间距控制；对于承台、锚碇的钢筋工程，全面采用卡具定位、标准垫块等措施以保障钢筋的间距及保护层厚度；改进钢筋接头形式及采用CO_2气体保护焊接技术等来保障钢筋接头质量。

3）预应力工程质量管控

预应力工程质量管控目标为确保有效预应力度及压浆饱满度。主要措施：一是严格控制预应力原材料质量，特别是波纹管；二是施工前进行预应力孔道摩阻试验；三是采用预应力智能张拉及智能压浆技术。

4．自密实混凝土工程质量管控

自密实混凝土工程质量管控目标为混凝土与钢板之间脱空指标满足设计要求，提高工效、控制废品率。其控制关键因素为混凝土体积稳定性、扩展度及浇筑速度、时间控制。措施：一是开展高稳健性、低收缩自密实混凝土制备及施工关键技术研究，提高自密实混凝土稳健性，降低其温度、原材料等敏感性；二是实行原材料特别是粉煤灰的产品认证制及专供制；三是实现自密实混凝土拌合、运送和浇筑全过程智能化管控，严格控制浇筑前拓展度及浇筑速度。

5．钢结构工程质量管控

钢结构工程质量管控的控制关键因素为焊接及涂装质量控制。通过智能车间实现钢结构构件智能制造，强化智能焊接及智能涂装工艺研究，加强检测，保障焊缝及涂装质量。制定智能焊接工艺技术要求、智能涂装工艺技术要求、U肋内焊技术指南、超声相控阵检测技术指南等。

6．水工工程及岛隧基础工程质量管控

践行“以设备促工艺、以工艺（工法）保质量、以质量提品质”理念。水工工程及岛隧基础工程，环境苛刻，隐蔽工程多，体量大，专业化施工设备是施工质量的基础保障。应用定型化、专业化施工设备，创新工艺、工法，以工艺（工法）标准化促进施工标准化，发挥标准化对品质工程建设的支撑和保障作用。

主要措施：采用十二锤联动专用震沉装备及专用DSM船对硬地层的预处理技术，保障钢圆筒顺利震沉到位；采用专用碎石整平船进行碎石垫层铺设，确保碎石垫层的平整度并提高工效；采用集成测控系统、定位技术于一体的安装船进行沉管浮运、沉放及对接，保障沉管对接精度；采用大型专业化数控化DCM船进行深层水泥搅拌桩的施工，保障水泥搅拌桩施工质量（图5-10）；采用大型信息化砂桩船进行挤密砂桩的施工，保障挤密砂桩施工质量；以设备促工艺，以工艺、工法保质量。形成各工法施工工艺及质量控制指南、质量检测及验收指南、标准。

图5-10　DCM深层水泥搅拌桩施工船舶

7. 上构工程（缆索工程、箱梁吊装）质量管控

上构工程质量管控关键因素是安装精度控制。主要措施：积极应用“互联网+”、物联网及BIM技术等，实现悬索桥缆索及钢箱梁信息化安装、智能化监控，提升安装精度；落实“三协同”，即专项施组方案编制与交底协同，施工监控、测量协同，联合检查、验收协同。

8. 外观质量提升

推行建筑与结构结合的建设理念，实现工程与周边环境的和谐，提高工程品位；预制构件采用“工厂化生产、流水化作业、智能化控制、信息化管理、装配化施工”，采用高强、高精度预制模具，实现外观质量工业产品化；近岸区结构采用清水混凝土技术，实现外观清水镜面效果；海上区混凝土工程，通过高强、高精度模板等，实现混凝土表面颜色均匀统一、保障接缝精度；预埋件及附墙件进行防腐或采用不锈钢构件，杜绝锈水污染，全面提升工程实体外观质量。

5.4 | 工业化建造

着力推行“工业化建造”，通过标准化设计、工厂化生产、智能化制造、装配化施工，推进工艺标准化、装备专业化、智能化、定型化，推进项目一流施工建设。

5.4.1 打造桥梁主塔空中建造垂直工厂

秉持“工业化建造、装配化施工”建设理念，打造部品钢筋加工标准化，实现从“场”到“厂”转变，提高工效和品质。自主研制基于立体弯折成型的钢筋网柔性制造生产线，研发装配式钢筋笼拼装胎架兼作拉钩筋绑扎施工平台，研制具有混凝土布料、养护功能等多功能一体化智能筑塔专用设备，实现现浇混凝土桥塔工厂化建造，有效改善海上高空作业条件，大幅提升超高混凝土桥塔建造品质、效率及安全。

一体化智能筑塔机设置的自动布料及振捣装置代替传统的人工作业方式，减少人员约40%，且提高混凝土施工质量（图5-11）；其智能养护系统通过热雾装置对塔柱节段进行蒸汽养护，并利用传感元件对混凝土表面温度、湿度进行实时监测与阈值预警，提高高空复杂环境下混凝土桥塔养护标准，提升工程质量及耐久性；桥塔钢筋部品吊装安装工艺是通过后场网片制作与部品整体绑扎，利用大型设备进行部品吊装并快速连接，减少高空人工作业量60%以上，塔柱钢筋安装工程工期由传统4～5d减少到1d。

图5-11　现浇混凝土索塔一体化筑塔机

5.4.2　变钢筋现场绑扎为工厂预制

对于现浇混凝土结构的钢筋工程，一般是先在工厂内完成钢筋半成品的加工，再运输至施工现场进行安装。在高温日晒、高空作业等恶劣作业环境下，人为因素影响显著，其保护层厚度、钢筋间距、接头质量等技术指标的合格率不足80%的现象时有发生。而小箱梁、节段梁等预制结构的钢筋骨架，在精加工的胎架上绑扎成型，保护层厚度、钢筋间距等技术指标的合格率则普遍稳定在95%以上。

深中通道中的墩身、塔柱为变截面设计，水平向箍筋与拉筋每根尺寸均不相同，若采用钢筋现场安装，将更加难以保证工程质量。项目转变建造理念，将质量控制关口前移，全面推行钢筋部品工艺。在工厂内高精度胎架上完成钢筋部品的制作，将其运输至施工现场后整体吊装，采用锥套接头新工艺实现主筋对接。伶仃洋大桥采用基于弯折网片的索塔钢筋部品化工艺，在钢筋厂内，利用TD6000-30钢筋网片柔性制造生产线生产钢筋弯折网片，运输至前场胎架内组拼为整节段钢筋部品，整体吊装，即可完成节段桥塔钢筋施工。钢筋部品化将绝大部分钢筋施工作业转移到地面工厂进行，代替人工搬运、绑扎钢筋，从而适应未来科技、环境、安全愈加严苛的要求。

5.5 智慧化建造

当前，交通基础设施建设行业仍然处于劳动密集型状态，工业化程度相对较低，安全、质量问题突出，农村释放出的大量劳动力仍然是工程建设的主力，传统的建造方式越来越不能适应新时代中国高质量发展的需要，且成为产业发展的阻力，突出的矛盾主要表现在以下几个方面：

（1）劳动力需求大与劳动力日益减少的矛盾：传统的生产方式需要耗费大量的劳动力，相关数据显示，自2012年起，我国16周岁至59周岁劳动力人口在数量和比重上连续出现双降，8年间减少了2600余万人，建筑工地现场50岁以上工人占50%以上。劳动力将成为行业发展的制约因素。

（2）现场施工环境差与以人为本的发展理念的矛盾：当前基础设施建设正面临深水、高山、峡谷、远海等更为复杂的建设环境，现场施工作业条件更为恶劣，再加上施工部位人员密集，安全风险较高，产业对人才和工人的吸引力越来越弱。

（3）生产方式落后与美丽中国建设的矛盾：工程建设对原材料需求量大，资源消耗大，工程建设普遍遇到取材难的挑战；传统现场施工产生了大量的噪声、粉尘和污染，对环境的冲击大。

（4）质量安全控制难与高质量发展的矛盾：工程点多面广，质量控制点多，受人工素质影响大，混凝土结构存在养护不够、易开裂、外观不佳等质量问题。桥梁施工涉水、高空作业点多，劳动密集型作业生产方式潜在安全风险非常高，工程管理难度巨大。

2019年，交通运输部为促进先进信息技术与交通运输深度融合，制定了《数字交通发展规划纲要》，提出以“数据链”为主，构建数字化的采集体系、网络化的传输体系和智能化的应用体系，加快交通运输信息化向数字化、网络化、智能化发展，为交通强国建设提供支撑。2021年，党中央在《“十四五”规划和2035年远景目标纲要》中明确提出“加快数字化发展，推动数字经济和实体经济深度融合”和“推动交通等传统基础设施数字化改造”。在区域政策层面，广东省人民政府制定了《广东省人民政府关于加快数字化发展的意见》（粤府〔2021〕31号），推动了基础设施智能化升级改造。

面对全球市场技术创新应用的机遇和挑战，响应国家和地区对于交通运输基础设施“平安百年品质工程”建设的政策要求，本着“统筹规划、资源共享、应用主导、面向市场、安全可靠、务求实效”的基本方针，大湾区跨海重大交通基础设施建设者们充分挖掘BIM技术，通过与云计算、智能设备、大数据、物联网、5G等先进信息技术的集成融合，实现全要素管理信息完整采集与共享，全过程业务规划与管理协同，在跨海通道工程大力推行智能建造，最终实现交通行业数字化、智能化产业升级和交通强国战略目标。

5.5.1 钢壳智能制造

钢壳结构的建造生产可按照现代造船模式的成组技术组织生产，使小批量生产能获得贴近大批量制造的经济效益。成组技术是将类型众多的零件按照相似性原则进行分类以形成种类较少的零件族，把同一零件族中众多分散的零件小生产量组合成较大的成组批量。成组技术为实现智能化生产奠定了良好基础。同时，钢壳结构的建造生产可按照现代造船的空间分道理念进行零件的分道生产。各不同类型的零件通过在同一个跨区间直线流通，型材下料、板材下料、零件成型加工、片体（小组立）制作、块体（中组立）制作均可在同一个跨区间完成，直线流动避免了零部件的跨区转运和反复的来回流动，减少内耗从而提高效率。通过分道建造的实施，有利于零件的智能化流水线生产。

综合考虑钢壳结构的建造流程和现有智能制造装备技术水平，经对钢壳结构建造生产中的切割下料、片体（小组立）制作、块体（中组立）制作、小节段涂装的施工工序进行研究，发现相关制作工序和流程相对简单，施工对象大小和类型比较相似和固定，有利于使用机器人及流水线进行智能化生产。同时，上述工序的作业环境为车间内，具备相应的动能管线和配套基础，进行智能化生产线改造也能够节约一定的经济成本。

钢壳智能制造系统根据上述的切割下料、片体（小组立）制作、块体（中组立）制作、小节段涂装4个施工工序进行设计。根据作业内容和类型特点，可以考虑为机器人焊接、机器人涂装及车间制造执行管控系统三大板块进行规划设计。

在钢壳构件的车间制造阶段［下料切割、片体（小组立）、块体（中组立）制作工序］，分别从板/型材智能切割生产线、片体（小组立）智能焊接生产线和块体（中组立）智能焊接生产线三个方面构建钢壳结构智能切割信息化和智能焊接。在分段涂装车间（小节段喷砂、喷涂工序）采用智能化无尘抛丸作业、智能化喷涂、物料自动供应系统（无人静态混合供应系统）等智能设备进行涂装作业，构建钢壳小节段智能涂装生产线。以车间制造执行管控系统为核心，通过在钢壳制造区域部署网络光纤和有线网络，实现加工数据通过网络下发和对板/型材智能切割生产线、片体（小组立）智能焊接生产线、块体（中组立）智能焊接生产线以及智能涂装生产线的运行状态进行监控、信息共享等功能（图5-12）。

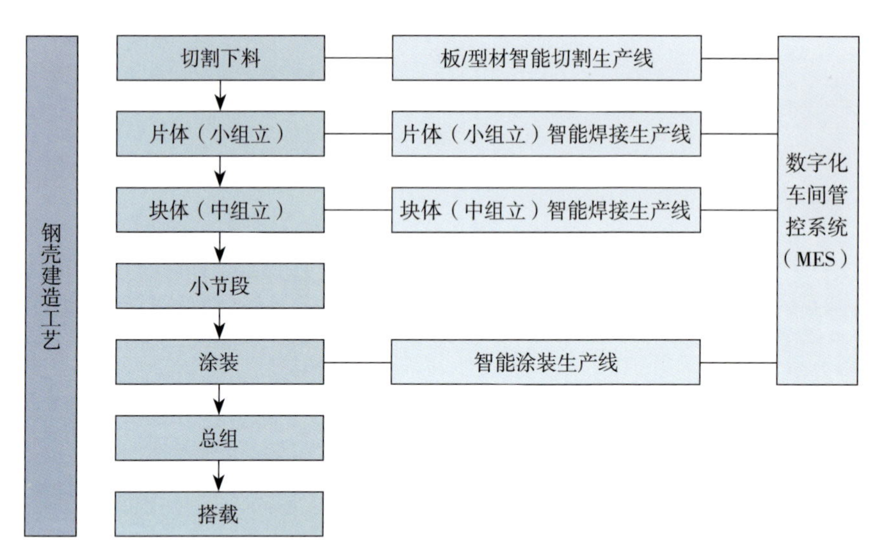

图5-12　钢壳智能制造系统总体框架

1．板/型材切割智能生产线

传统的生产方式中，每台板材数控切割机和型材数控切割机相互独立，每天每台设备任务分配及完成生产物量等信息均需人工分配和统计，无法有效均衡生产负荷及信息共享，生产效率受到较大制约，因此需要研发板/型材智能切割生产线来解决此问题（图5-13、图5-14）。数据采集系统和工控机一体机、工控机一体机和服务器之间以网线形式连接，数据采集系统将设备状态信息上传给现场工控机一体机，各个工控机一体机通过工业级以太网交换机将设备状态信息、人员信息、作业信息上传给服务器，实现联网数控切割机的实时运行状态信息采集、现场作业状态反馈、切割任务远程下发、工时物量统计分析、报表打印与输出功能，并可通过电子看板的形式将设备、人员、作业信息进行展示。各功能集成到车间制造执行管控系统，能通过外网将生产过程中关键数据反馈到业主的BIM系统上。

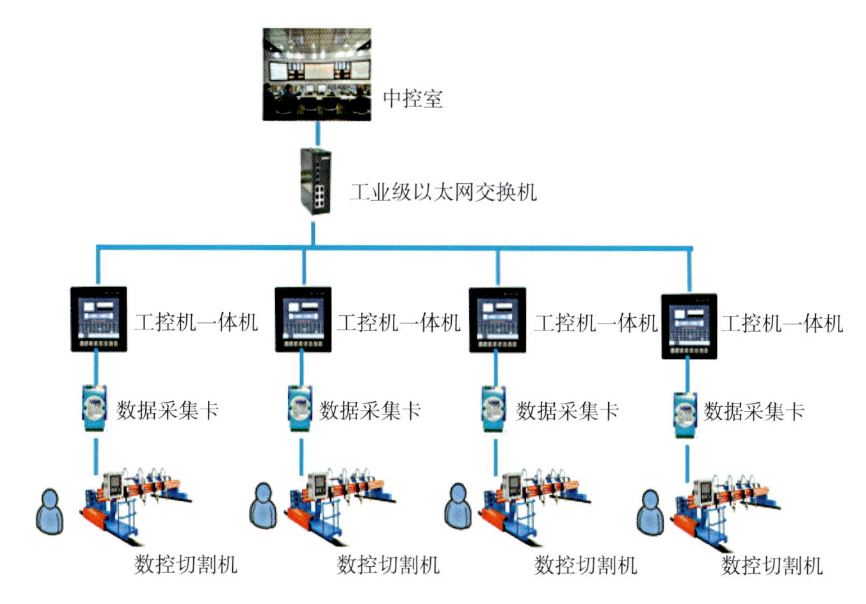

图5-13 板/型材智能切割生产线总体框架

图5-14 板/型材智能切割生产线

2．片体（小组立）智能焊接生产线

通过对钢壳结构的分析，钢壳结构中存在大量的结构简单且相同特征的片体，焊缝高度为6mm，具备流水线生产的条件，片体在人工装配后可通过3D在线扫描，自动生成焊接程序，机器人接收指令后自动焊接作业，可降低工人劳动强度，有效提高焊接质量和生成效率（图5-15）。

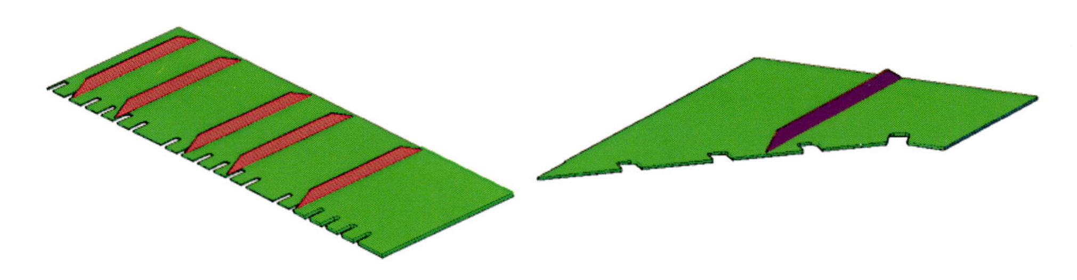

图5-15 片体结构示意图

根据小组立车间场地条件，设计直线型流水线。生产工位按作业流程依次布置为：上料与装配工位、机器人焊接工位、检查修补工位、卸料工位（图5-16）。整条生产线输送采取辊道输送方式，减少对车间行车吊机的依赖（图5-17）。生产线的核心是机器人焊接工位，根据产能核算，焊接工位配置1～2个3自由度门架、2～4个6自由度焊接机器人，采用线激光实时跟踪焊缝，根据工件焊缝直线度偏差，自动调整焊接路径。实现基于3D激光扫描自适应编程方式进行焊接作业（包括平角焊、包角焊）。

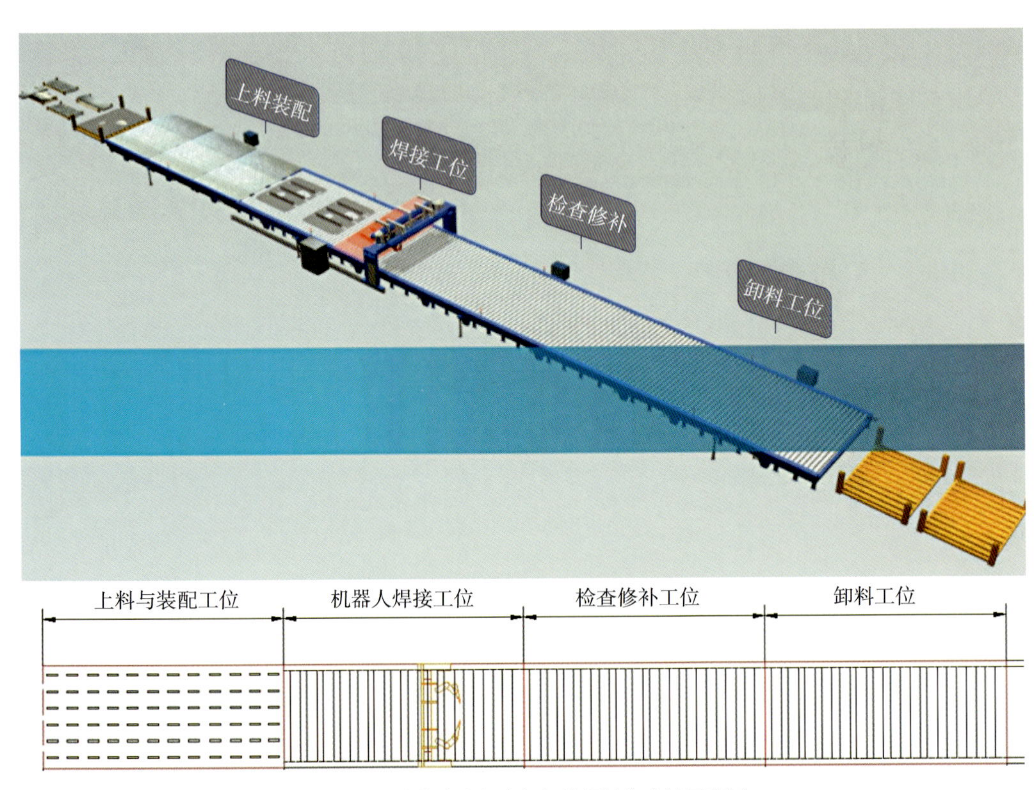

图5-16 片体（小组立）智能焊接生产线示意图

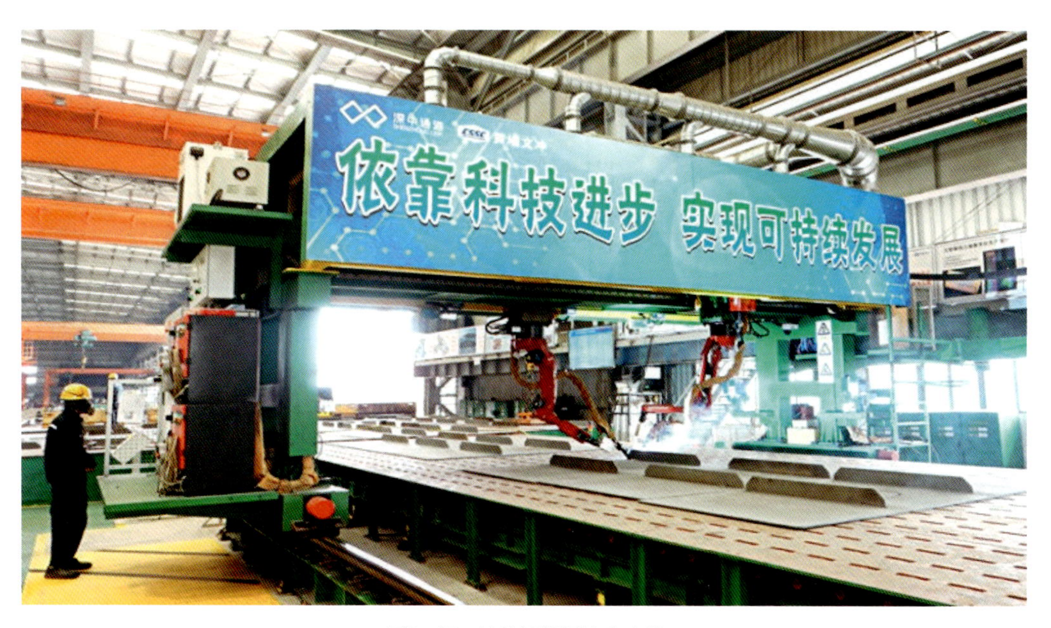

图5-17 片体智能焊接生产线

3. 块体（中组立）智能焊接生产线

根据生产场地实际条件，新增块体（中组立）智能焊接生产线，主要用于深中通道敞开式块体结构的机器人自动化焊接（图5-18）。该生产线布置于厂区平面流水线车间，在原平面流水线的肋板装配焊接工位进行智能化升级改造，增加了机器人焊接系统（图5-19），形成块体智能焊接生产线（图5-20）。生产线依次由拼板、FCB焊、纵骨装配、纵骨焊接、横移、肋板安装、肋板焊接（机器人焊接）、预舾装、运出工位组成。

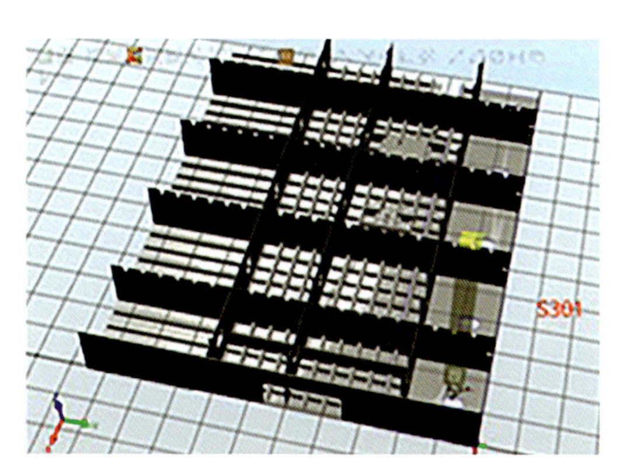

图5-18 块体结构示意图

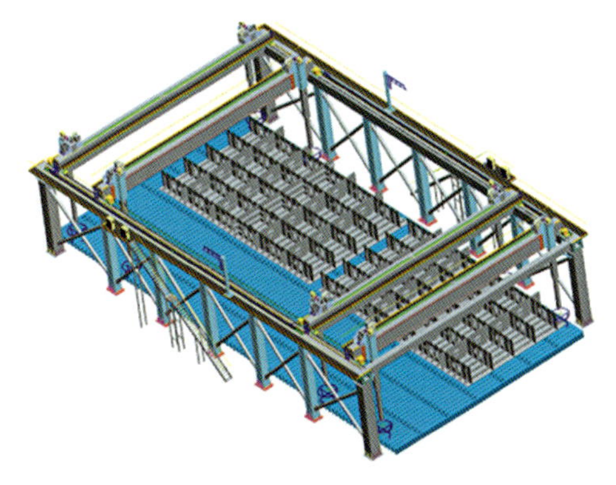

图5-19 块体（中组立）机器人焊接系统示意图

图 5-20 块体智能焊接生产线

该智能焊接生产线与现有平面流水线设备FCB拼板、纵骨装配和焊接工位充分对接，将其中的肋板装配和焊接工位升级改造为智能机器人焊接生产线，实现对块体立角焊、平角焊的机器人自动化焊接。根据产能测算，块体（中组立）智能焊接机器人系统配置2套移动式焊接门架，每个门架上安装2个横梁式行走台车，每台车上配置1套焊接机器人（含竖直升降系统）。

4. 智能涂装生产线

钢壳小节段外部表面（顶面、底面、侧面）平整，面积大，表面安装的舾装件少，采用机器人进行打砂、喷涂具有很大的优势，可以很大程度上减少搭脚手架的工作量，并通过机器人的稳定性提高施工质量、降低油料消耗。深中通道在当前行业内成熟的喷砂车间和喷漆车间的基础上，增设先进的机器人、往复式自动化装备及协同控制集成系统，实现钢壳小节段除锈、喷涂两道工序的智能涂装（图5-21）。智能涂装系统由智能喷砂机器人及其控制系统、智能喷涂机器人及其控制系统、分控制室集成控制系统、总控室数字化系统、监控网络系统等组成（图5-22）。

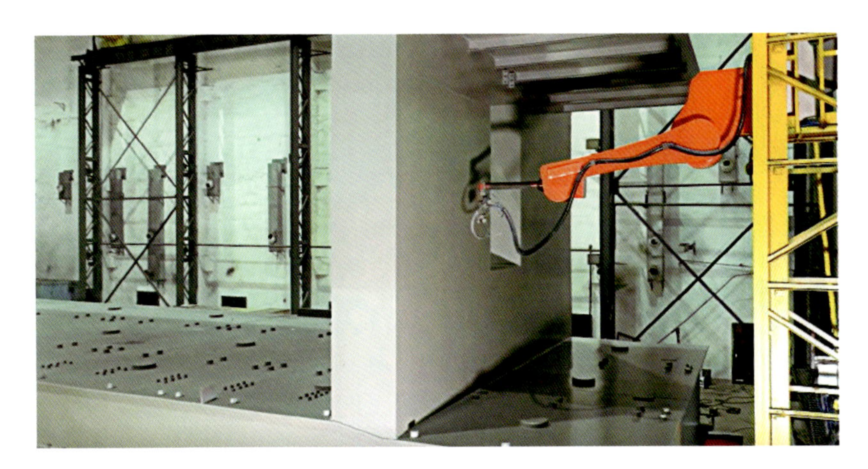

图5-21　智能涂装生产线

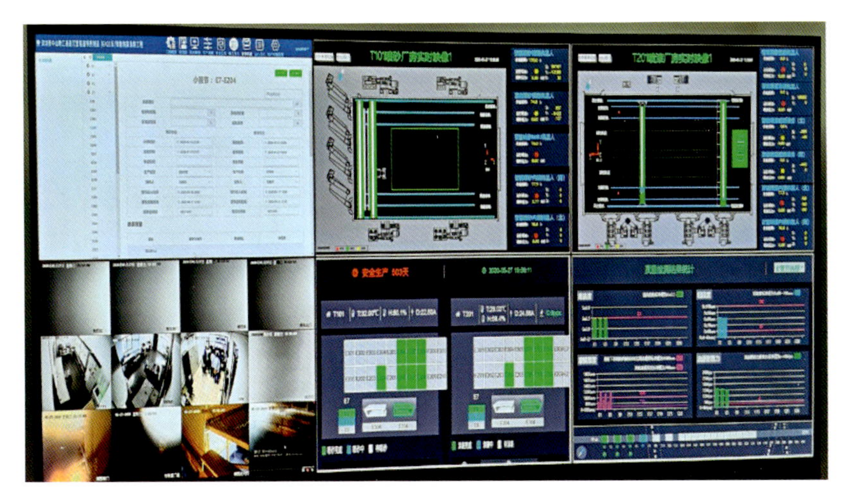

图5-22　智能喷涂控制中心

5．车间制造执行管控系统

车间制造执行管控系统，是以数字化车间管理为核心，通过在钢壳制造及涂装车间区域部署网络光纤，实现加工数据通过网络下发和对板/型材智能切割生产线、片体（小组立）智能焊接生产线、块体（中组立）智能焊接生产线以及智能涂装生产线的运行状态进行监控等功能；并将采集到的数据接入车间制造执行管控系统平台（图5-23）。最终通过开发车间制造执行管控系统MES系统数据接口，对内实现与设计系统、生产管理系统等信息系统的无缝集成，最终实现钢壳结构制造过程的智能管控（图5-24）。

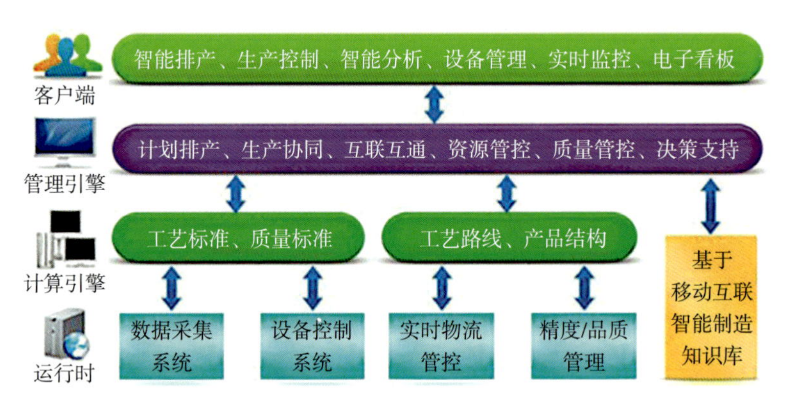

图5-23 车间制造执行管控系统功能结构示意图

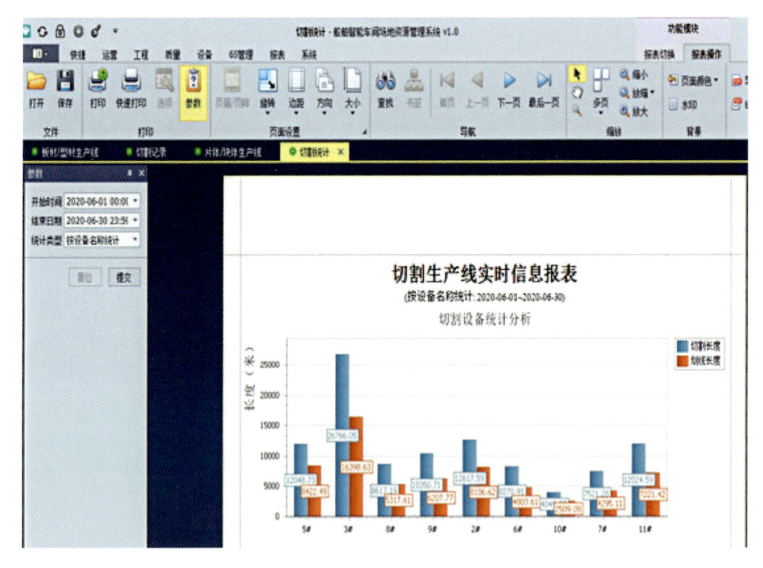

图5-24 车间制造执行管控系统

5.5.2 钢箱梁智能制造

深中通道以实现钢箱梁制造的提质增效为目的，充分借鉴沉管隧道钢壳智能制造项目的实施经验，以解决正交异性桥面板疲劳损伤等钢箱梁病害通病为突破点，利用传感网络化综合集成技术，将自动化生产线、焊接、装配、涂装机器人等数字化制造装备有机地集成在一起。

建立钢箱梁桥梁工程智能制造服务信息平台、数字全模型管理系统、物料优化及管控系统、集成智能化系统以及车间网络及中央控制室等设施，全面实现数字化、自动化、信息化，管理全过程实现软件化、可视化和权限化管控；形成从钢材预处理到板单元的智能化加工制造车间。通过BIM信息管理，夯实钢箱梁智能制造的核心能力的技术基础，推动桥梁制造模式的深刻变革，创新中国桥梁建造发展模式。

1．钢箱梁智能制造BIM+信息管理平台

钢箱梁在制造全过程应用BIM技术、物联网、云计算、大数据等新一代技术，按照工程管理全过程信息化管理、智能制造和智慧工地建设的要求，通过与自动化、智能化生产设备及信息化的集成，构建钢结构的智能管控平台，实现施工设计、工艺、制造、管理、物流等环节的集成优化（图5–25）。基于BIM实施深化设计、工艺仿真和与制造管理过程的数据集成；运用“互联网+”业务，通过移动办公和统一的BIM管理平台，实现与业主方的协同工程管理与办公；运用物联网技术，设置现场作业区的人员、特种设备电子看板，建立多地视频监控系统，打造智慧工地；通过大数据技术实施质量统计分析、关键工艺知识库、施工过程管理，搭建可视化的工程管控中心，实现智能管理与决策，全面提升工程建造质量和综合管理水平。

为了适应智能制造发展需求，全面打造新一代信息管理平台，该平台主要涵盖桥梁工程经营信息决策系统（ERP）、桥梁工程数字全模型管理系统（PDM）、桥梁工程物料优化及管控系统（LES）、桥梁工程制造集成智能化系统（MES）、数据采集与监视

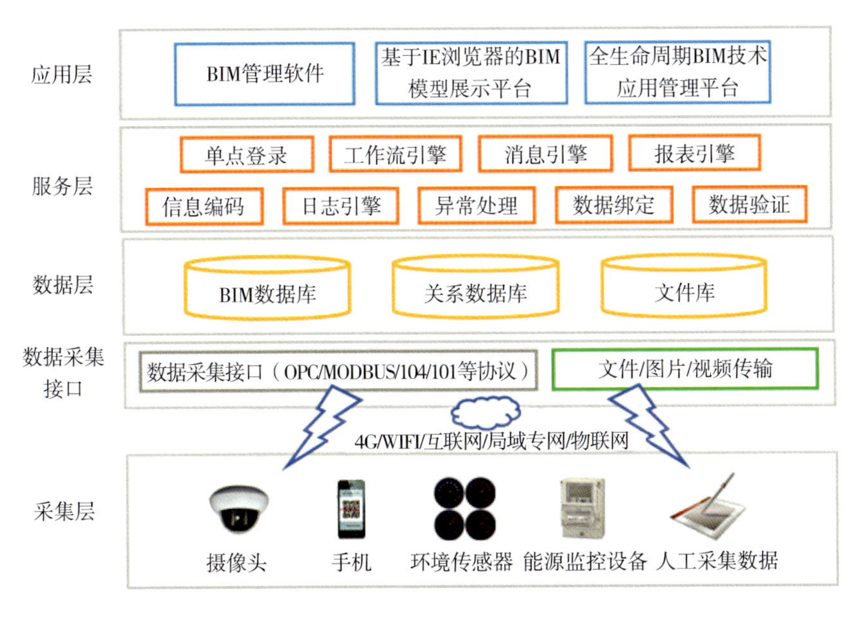

图5–25 BIM层级架构图

控制系统（SCADA）等五大子系统（图5–26）。ERP系统包含项目管理、库存管理、财务管理、生产计划等功能。PDM系统包含从需求、规划、设计、生产、仓储、使用，直到回收再利用的全生命周期中的信息与过程的管理。LES系统能确保物质钢板、零件等物料在生产过程中能有序地进行调拨及转运。MES系统及数据采集与监视控制系统（SCADA）能够纵向打通生产过程中的不透明，使生产作业管理和执行更加高效。利用ERP系统自动套料、MES和PDM等系统高效协同与集成，对设备、生产、质量、成本进行全过程监控，实现产品研发设计、工艺动态优化和制造过程数控化。

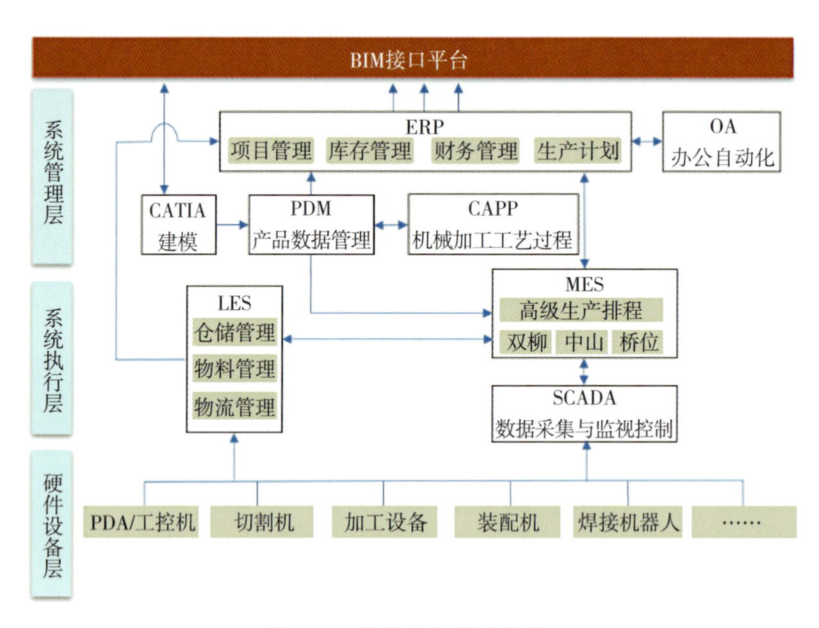

图5-26 软件平台层级架构图

2. 智能下料切割生产线

在机械加工过程中，板材切割常用方式有手工切割、半自动切割机切割及数控切割机切割。手工切割灵活方便，但手工切割质量差、尺寸误差大、材料浪费大、后续加工工作量大，同时劳动条件恶劣，生产效率低。半自动切割机中的仿形切割机，切割工件的质量较好，由于其使用切割模具，不适合于单件、小批量和大工件切割。其他类型半自动切割机虽然降低了工人劳动强度，但其功能简单，只适合于一些较规则形状的零件切割。数控切割相对手动和半自动切割方式来说，可有效地提高板材切割的效率、切割质量，减轻操作者的劳动强度。

当前，数控切割机已经实现了较高水平的自动化，但是随着数字技术的发展，为提高生产效率和能效水平，切割下料设备对自动化、信息化、数字化有着更高的要求。

板材智能下料生产线由物料优化及管控系统（LES）、网络数控切割设备、制造集成智能化系统（MES）组成。智能下料生产线设备主要包含数控坡口等离子切割机、数控等离子切割机、仿形坡口切割机、门式多头火焰切割机、数控火焰切割机、数控划线号料机和激光切割机等（图5-27）。

图5-27　下料生产实景

物料优化及管控系统（LES）、制造集成智能化系统（MES）组成板材智能下料管理平台（图5-28、图5-29），通过局域网和各信息管理系统的数据交互，形成以智能提料、智能排版、智能切割、智能报工四大功能模块为主体的智能制造信息化系统，为板材智能下料管理提供分析决策依据，最终实现深中通道钢箱梁板材智能下料生产。

智能下料切割生产线能实现板材的自动扫描识别、智能化喷码划线、智能化切割与坡口开制。通过工控网络将所有数控切割机与MES服务器互联，通过联网管理系统，实现设备状态监控、人员作业任务管控、工时物量统计分析、报表打印和电子看板管理等功能。由LES系统自动下达由套料软件高级算法编制的指令程序，收集加工过程数据，实现与信息系统互通。

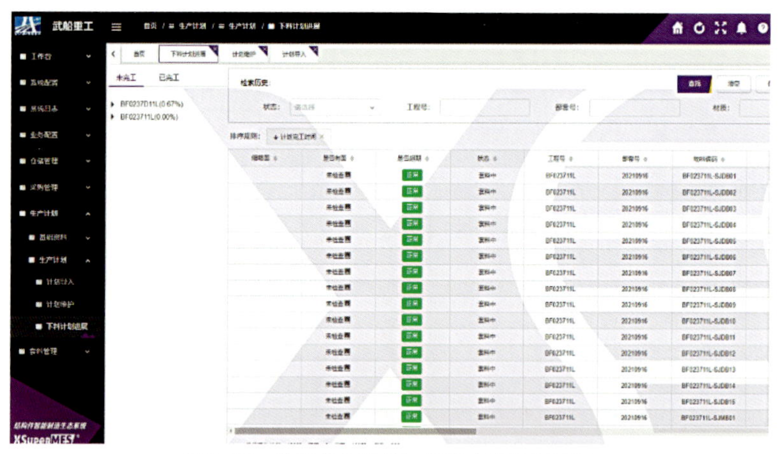

图5-28 物料优化及管控系统（LES）界面

图5-29 制造集成智能化系统（MES）界面

板材智能下料切割生产线配置了数控火焰切割机、数控等离子切割机、数控激光切割机等各种类型的切割设备，适用于不同厚度及精度要求的板材下料切割。在板材下料切割中引入坡口等离子切割机，实现直线与坡口切割同步完成，有效提高了切割效率；采用数控激光切割机对齿形板进行下料切割，高品质的切割质量大幅提升了齿形板弧形开口切割面的抗疲劳性能；配置坡口仿形切割机，实现齿形板等关键复杂零件的坡口自动切割加工，大幅提高了切割尺寸精度。通过物料优化及管控系统（LES）及制造集成智能化系统（MES）实现所有零件加工的信息管理和追溯。

3. 板单元智能焊接生产线

正交异性钢桥面板结构凭借其自重轻的优势在大跨度桥梁中广泛应用，然而正交异性钢桥面板结构疲劳病害问题突出，其中制造技术局限性及加工质量不良因素不容忽视，其中板单元的焊接质量起到了决定性作用。为提高深中通道钢箱梁板单元焊接的智能化水平，提高板单元关键焊缝的焊接质量，建设了板单元智能焊接生产线（图5-30），在U肋板单元焊接中采用基于埋弧焊工艺的多头U肋内焊专机、多头U肋外焊专机，实现U肋双面焊缝的优质高效焊接，大幅提升了U肋与桥面板连接焊缝的抗疲劳性能；将基于离线编程和三方向传感技术的焊接机器人用于桥面板立体单元件焊接，有效提升了U肋与横肋板连接焊缝的抗疲劳性能；将视觉识别和自主编程机器人技术引入正交异性钢桥面板加工制造中，有效降低了操作人员技能要求，提升了智能化焊接水平。

图5-30　板单元焊接生产线

平板砂带自动打磨机主要用于桥用钢板的打磨（图5-31）。最多可以同时完成12条打磨工作，工作效率高，操作便捷。设备布置有除尘器，减少车间污染。平台宽4.5m，长40m，采用双工位布局，可以纵向摆放2张钢板，横向摆放1张钢板。

数控划线号料机用于组装基准线的划线工作，可实现图纸导入、自动划线（图5-32）。

组焊一体机可同步完成面板的组装及内焊，免除U肋定位组装工序，消除定位焊

图 5-31　平板砂带自动打磨机

图5-32　数控划线号料机

对U肋焊缝焊接质量的影响（图5-33）。该设备可一次组焊6条U肋，消除了人工带来的装配误差；生产效率高，设备性能可靠，工艺稳定。根据识别的板单元特征，自动匹配焊接工艺参数，对多达6根U肋进行自动装配，对多达12条U肋内焊缝实施埋弧焊接，焊剂自动铺洒与回收，焊剂回收率达到99%，埋弧焊渣自动清除，同时可监控焊缝外观成型，数据保存至移动硬盘和网盘（图5-34）。焊接过程中及完毕后均可实时传输视频检测图像及焊接工艺参数等内容至控制中心，设备各功能可联动或者单动，实现智能化、信息化制造。

图5-33　组焊一体机

图5-34　U肋组装焊接过程

移动式U肋装配机利用液压系统及压模，进行U肋定位，并通过人工点焊进行装配，最多同时可对6支U肋进行装配（图5-35）。

U肋外焊采用船位埋弧焊接，一次可焊接6条U肋焊缝，采用中粗丝及传感跟踪，可以有效提高焊缝成型质量，是保证U肋全熔透焊接的重要设备（图5-36）。

图5-35　移动式U肋装配机

图5-36　多头U肋龙门焊接机

U肋板单元矫正采用冷矫设备，可同时实现3根U肋的矫正，通过来回辊压的方式对面板单元进行矫正，提高矫正效率，避免了热矫正对钢板性能的影响（图5–37）。

面板立体单元焊接机器人用于横隔板上接板与U肋顶板单元的齿形板焊接，可以高质量完成平焊转立焊并收弧包角（图5–38、图5–39）。

多头移动式U肋装配机利用液压系统及压模，进行U肋定位，并通过人工点焊进行装配，最多同时可对5支U肋进行装配（图5–40）。

图5-37　U肋板单元机械滚压矫正机

图5-38　面板立体单元焊接机器人

图5-39　机器人焊接过程

图5-40　多头移动式U肋装配机

多头移动式板肋装配机利用端头定位装置进行筋板的固定，并通过移动式压头对板肋进行三向定位，装配机可实现自动装配点焊，最多同时可对6支板肋进行装配（图5-41）。

多头板肋龙门焊采用平位焊，一次可对6条板肋、12条焊缝进行焊接，采用传感跟踪，可以有效提高焊缝成型质量（图5-42）。

图5-41　多头移动式板肋装配机

图5-42　多头板肋龙门焊接机

板肋板单元矫正采用冷矫设备，可同时实现6根板肋的矫正，通过来回辊压的方式对顶板单元进行矫正，提高了矫正效率，避免了热矫正对钢板性能的影响（图5-43）。

横隔板智能焊接生产线，采用视觉识别横隔板机器人进行横隔板的正面焊接，采用横隔板焊接机器人进行反面焊接。

图5-43　板肋板单元机械辊压矫正机

视觉识别横隔板焊接机器人基于传感系统、逻辑程序、规则设计的结合，无需任何图纸导入，无需任何编程及示教，系统利用视觉成像技术，扫描工件自动生成焊接轨迹，并可根据实际情况进行调整，焊接采用电弧跟踪，对操作者技能要求大幅降低，效率较高（图5-44）。

横隔板焊接机器人基于离线编程、在线试教、电弧跟踪技术，可高质量地完成横隔板的焊接工作（图5-45）。

图5-44 视觉识别横隔板焊接机器人

图5-45 横隔板焊接机器人

视觉识别横肋板焊接机器人用于横肋板单元的智能化焊接，在轨道式门架下倒装2个机器手，门架横梁上配备有一组工业相机（图5-46）。门架纵向移动，深度相机全景识别系统扫描工件生成三维点云图，相关数据提供给工件识别算法软件，完成工

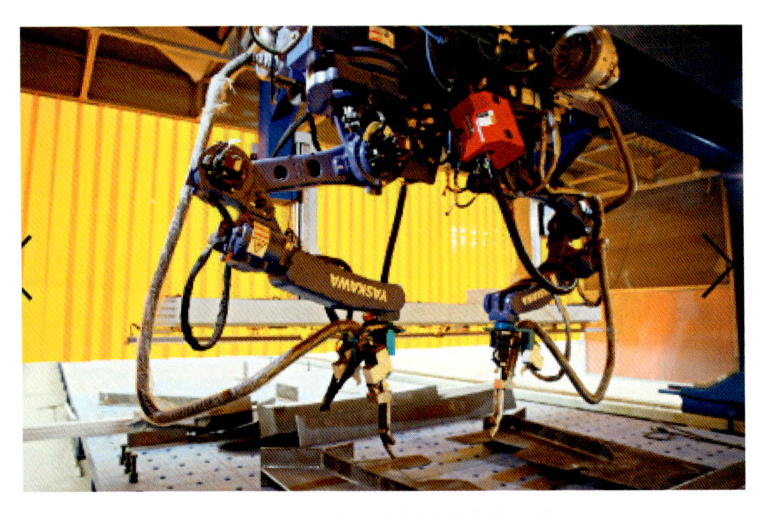

图5-46 视觉识别横肋板焊接机器人

件的类型和包含组件的智能识别与定位，而后自动完成工件焊接的编程，实现全自动编程功能。在此之前需要建立横肋板的类型库和组件的特征库，并建立与之对应的焊接工艺库。在机器手端部安装有激光传感器，采用线激光扫描技术，可精确定位焊缝并在焊接过程中实现跟踪功能，焊枪采用不摆动方式进行焊接。在焊枪上安装有焊接烟尘吸收装置，达到了良好的除烟除尘效果，工件不需要严格定位摆放，待焊区域打磨不可过于光亮，以免影响激光传感焊接寻位与跟踪的可靠性。

4．节段智能焊接生产线

钢箱梁节段智能总拼生产线根据节段类型可分为小节段智能总拼生产线、大节段智能拼接生产线。钢箱梁节段拼装制造主要有结构尺寸大、组装精度控制难度大、焊接位置多样化等特点，在以往项目中钢箱梁节段拼装的自动化焊接水平较低。深中通道节段智能总拼生产线以提升自动化焊接水平为突破口，对节段拼装智能制造生产线进行科学的规划，以车间制造执行系统、智能焊接管理系统、车间视频监控系统的应用为科学管理手段，并投入小型便携式自动化及智能化焊接装备，以满足钢箱梁节段结构尺寸大、组装精度要求高、焊接位置多样化等特点，改善了现阶段自动化焊接程度较低的状况，实现了节段总拼智能化生产。

小节段拼装生产线主要包括顶板、斜底板、平底板及横隔板的直缝智能拼接、横隔板与底板的齿形板智能焊接。小节段拼装生产智能化主要体现在齿形板单元智能焊接工位，齿形板单元焊缝较为复杂，包括平位角焊缝、立位角焊缝、立位坡口角焊缝、焊缝端部包角焊，鼓励采用便携式智能焊接机器人系统实现智能化焊接，可有效确保焊接质量。顶板、底板直缝拼接采用背面衬陶质衬垫单面焊双面成型的焊接工艺，或采用气体保护焊打底和填充，埋弧自动焊盖面；横隔板横、竖向拼缝采用气体保护焊焊接。顶板、斜底板、平底板及横隔板的直缝拼接时的气体保护焊焊接可采用小型便携式自动化焊接装备（轨道搭载式焊接装置）进行焊接作业。

大节段智能拼接生产线主要生产对象是对接合龙口的环形焊缝，应采用小型便携式自动化焊接装备进行焊接作业。

可移动参数化智能焊接机器人系统是在机器人标准控制器中置入了电弧焊相关设备的控制功能，可用作极富灵活性、可编程的高性能、高品质的电弧焊自动作业设备（图5–47）。机器人标准控制器是装备了最新电子设备、电脑和软件的控制器，可以

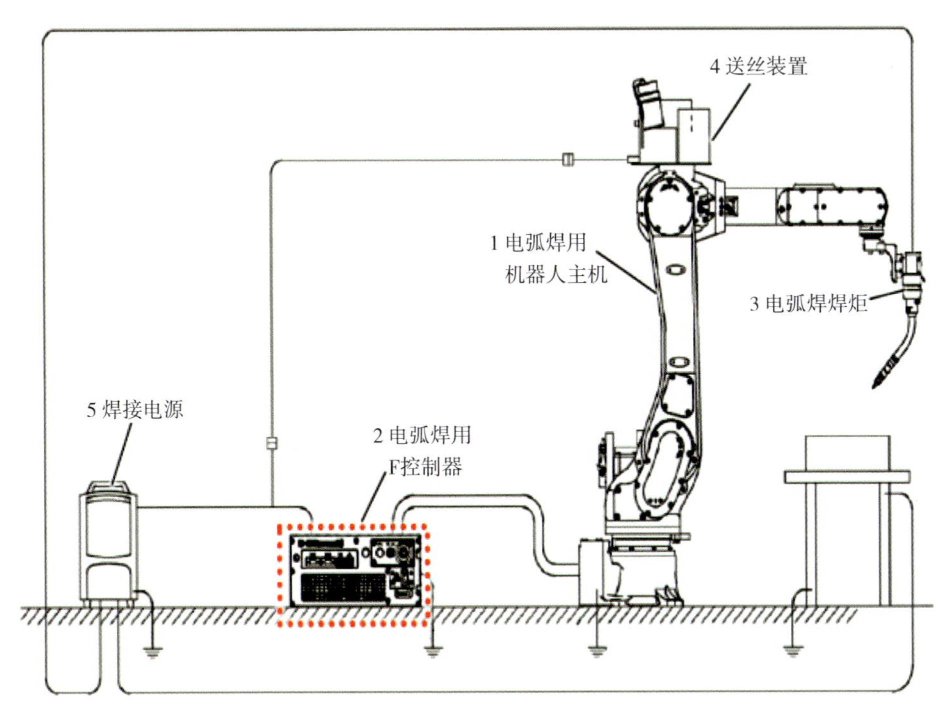

图5-47　可移动参数化智能焊接机器人系统构成示意图

完成更多更复杂的机器人控制功能。所有控制器作为标准规格，都具有基本的位置、速度、精度和输入输出控制功能。

可移动参数化智能焊接机器人系统通过建立模型，输入相应焊接参数，能稳定提高焊缝的外观成型质量，实现隔板与U肋槽口平角转立角的连续施焊以及焊缝端部的连续包角焊，实现标准件的连续作业，减少了人员的配置和成本（图5-48）。

便携式轨道智能焊接机器人是沿导轨进行焊接作业的一类焊接机器人，其运行轨

图5-48　可移动参数化智能焊接机器人系统及其应用

迹相对固定，运动重复性好，适用于规则焊缝焊接，其导轨可为直导轨，也可为圆导轨（图5-49）。焊接机器人具有位置传感器，能够自动识别焊接小车所在的空间位置；焊接参数存储控制模块允许操作者分道分区设定不同的焊接工艺参数焊接电源联机控制模块使焊接机器人与焊接电源联动控制，可自动调节全位置焊接工艺参数；焊缝轨迹示教模块使操作者能对焊缝轨迹进行在线示教，从而使焊接机器人能适应各种不规范焊缝的全自动焊接，减少焊接过程中的人为干预。此外焊接机器人还具有直摆和角摆两种摆动方式，可适应不同焊接工艺对焊枪摆动方式的需求。深中通道钢箱梁拼装采用的是轨道式智能焊接机器人系统（ER-100），该系统可适用于节段整拼阶段的横隔板立位对接焊缝、横隔板与腹板角焊缝、大节段拼装阶段的腹板立位对接焊缝、斜底板对接焊缝。该系统可自动检测坡口尺寸、自动生成规范参数、自动焊接，智能化程度高，配有多种形式的轨道，方便灵活，实用性强。

图5-49 便携式轨道智能焊接机器人及其应用

便携式全位置自动焊小车是实现规则的垂直对接焊、水平对接焊的焊接设备，通过调整焊枪位置和角度，也可以进行角焊、横焊（图5-50）。便携式全位置自动焊小车的应用可以降低劳动强度、改善作业环境、提高工作效率，效率达到手工焊的1.5

图5-50　便携式全位置自动焊小车及其应用

倍；避免人为因素所造成的焊缝质量不良，确保焊接质量的稳定性。在深中通道项目中便携式全位置自动焊小车主要应用于横肋板与腹板的角焊缝焊接。横肋板与腹板的角焊缝为立位角焊缝，在生产过程中为避免腹板与顶板仰焊，将顶板单元、腹板单元、横肋板单元在专用胎位上预先拼成块体。通过优化组装顺序，调整块体姿态，可将横肋板与腹板的角焊缝调整为平位角焊缝。

埋弧焊是电弧在焊剂层下燃烧的一种电弧焊方法。在焊剂层下，电弧在焊丝末端与焊件之间燃烧，使焊剂熔化、蒸发，形成气体，在电弧周围形成一个封闭空腔，电弧在这个空腔中稳定燃烧，焊丝不断送入，以熔滴状进入熔池，与熔化的母材金属混合，并受到熔化焊剂的还原、净化及合金化作用，随着焊接过程的进行，电弧向前移动，熔池冷却凝固后形成焊缝，密度较轻的熔渣在熔池的表面，有效地保持熔池金属，冷却后形成渣壳。深中通道节段总拼及大节段拼装过程中的平直焊缝均采用埋弧自动焊填充、盖面（图5-51）。

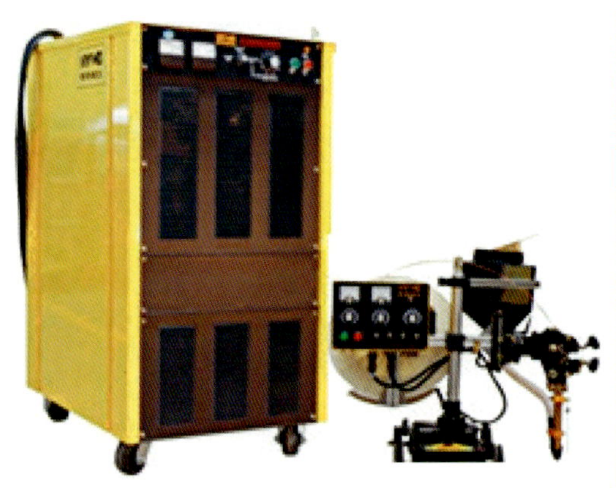

图5-51　埋弧自动焊机及其应用

绝对激光跟踪仪内部配有高精度绝对测距系统及水平、垂直测角机构，同时配以高精度的反射棱镜作为测量目标，实现对工件的高精度测量。自动目标锁定是一项融入绝对激光跟踪仪中的崭新的视觉技术，使其能够“看到”没有被锁定的目标靶球位置（在5m距离，约A4纸大小），然后通过驱动跟踪头的转动，将激光快速锁定到反射球上，动态地锁定并跟踪目标靶球的运动，达到高效精确测量的目的。该技术的应用，打破了过去操作者需要在“黑暗状态”下寻找光束的传统方法，激光束可以直接锁定使用者的手持目标，操作者也无需要时间和经验学习如何在不断光的情况下有效地使用设备，使整个激光跟踪仪的操作更加简便。该测量系统为单站式跟踪系统，集合了激光干涉测距、光电探测、计算机控制、现代数值计算理论等各种先进技术，可实现对空间运动目标的跟踪并实时测量目标的空间三维坐标。它具有高精度、高效率、实时跟踪测量、安装快捷、操作简便等特点，适用于大型构件的测量（图5-52）。

图5-52　高精度激光跟踪测量系统及其应用

深中通道节段智能总拼生产线通过便携式焊接设备、焊接数据管理系统、车间视频监控系统以及车间制造执行系统的实施，实现了钢箱梁总拼过程的信息管理，加强了过程管理、实时监控等。通过信息化技术的应用实现了生产信息高度集中，既能指导实际工作，又能将信息进行汇总、分析，使项目管理人员对项目信息做出正确的理解、高效的共享、及时的应对。

5．智能涂装生产线

钢箱梁节段智能总拼生产线根据节段类型可分为小节段智能总拼生产线、大节段智能拼接生产线。钢箱梁节段拼装制造主要有结构尺寸大、组装精度控制难度大、焊接位置多样化等特点，在以往项目中钢箱梁节段拼装的自动化焊接水平较低。深中通道节段智能总拼生产线以提升自动化焊接水平为突破口，对节段拼装智能制造生产线进行了科学的规划，以车间制造执行系统、智能焊接管理系统、车间视频监控系统的应用为科学管理手段，并投入小型便携式自动化及智能化焊接装备，以满足钢箱梁节段结构尺寸大、组装精度要求高、焊接位置多样化等特点，改善现阶段自动化焊接程度较低的状况，实现节段总拼智能化生产。

智能涂装生产线由智能喷砂系统、智能热喷涂系统和智能喷漆系统组成，共配置1间专用喷砂车间、1间专用热喷涂车间和1间专用喷漆车间。

智能喷砂系统包含两台AGV小车喷砂机器人，智能热喷涂系统包含四台AGV小车智能电弧喷涂机器人，智能喷漆系统包含一台AGV小车喷漆机器人，通过PLC控制系统和在线视频监控系统，实现自动喷砂、涂装及监控。

喷砂车间必须达到全封闭、控温控湿和具备智能化喷砂除锈作业的要求，应具备集自动进料、自动喷砂、回收一体化的喷砂设备，喷砂过程中的粉尘排放应满足环保标准，满足全天候喷砂作业要求。喷砂车间地面基础应满足智能化喷砂除锈设备安装所需承重强度、平整度等要求。喷砂车间净空间作业尺寸为长55m×宽24m×高12m以上，满足项目的需求。

喷砂除锈采用多轴关节联动的喷砂机器人设备进行作业。多轴喷砂机器人作业范围应能覆盖钢箱梁梁段外表面。喷砂设备应具备自动进料、喷砂一体化等功能（图5-53、图5-54）。喷砂机器人设备应具备人机示教、远程诊断及复杂运动轨迹记忆等功能。

热喷涂车间必须达到全封闭、控温控湿的要求，施工过程产生的粉尘应满足防

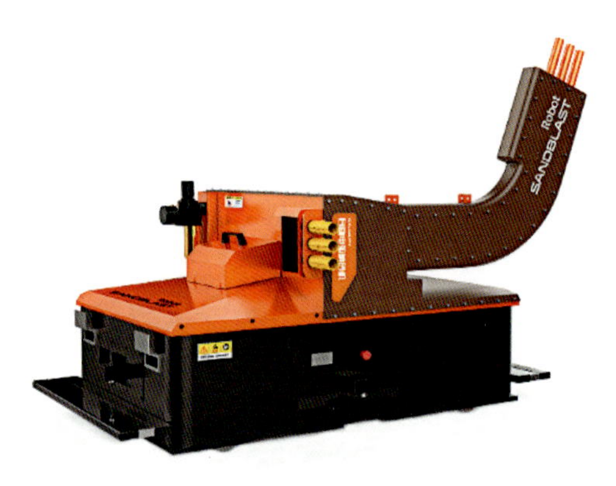

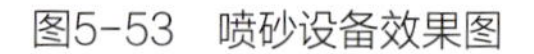
图5-53 喷砂设备效果图

图5-54 喷砂设备施工图

爆、环保标准要求。热喷涂车间地面基础应满足智能化喷砂除锈设备安装所需承重强度、平整度等要求。热喷涂车间净空间作业尺寸为长55m×宽24m×高12m以上，满足项目的需求。

热喷涂以可多轴关节联动的机器人为载体携带热喷涂设备进行自动化作业，热喷涂设备应具备自动送丝、控温控气等功能，具备易燃易爆气体浓度检测功能，检测浓度预警后立即自动停机，还应具备人机示教、远程诊断及复杂运动轨迹记忆等功能（图5-55、图5-56）。

喷漆车间必须达到全封闭、控温控湿和具备智能化喷漆作业的要求，应具备挥发性有机物处理净化功能，施工过程中产生的挥发性有机物排放应满足环保标准要求，满足全天候喷漆作业要求。喷漆车间地面基础应满足智能化喷砂除锈设备安装所需承

图5-55 热喷涂设备效果图

图5-56 热喷涂设备施工图

重强度、平整度等要求。喷漆车间净空间作业尺寸为长55m×宽24m×高12m以上，满足项目的需求。

喷漆采用多轴关节联动的喷漆机器人设备进行作业。多轴喷漆机器人作业范围能覆盖钢箱梁梁段外表面。喷漆设备具备自动供料、自动搅拌/配比、自动喷漆等功能，具备易燃易爆气体浓度检测功能，检测浓度预警后立即自动停机。此外，设备控制具备人机示教、远程诊断及复杂运动轨迹记忆等功能（图5-57、图5-58）。

图5-57　喷漆设备效果图

图5-58　喷漆设备施工图

智能涂装控制室建设尺寸：长8m×宽4.5m×高3m，控制室内布置有：喷涂人机交互控制柜，用于生产监控及信息管理的显示大屏，2台电脑客户端，2台数据服务器，高2m大型机柜，及相关办公用物品（如办公桌椅、打印机、安全帽边柜、文件柜等）（图5-59）。

图5-59　智能涂装控制室

6. 车间建造执行管控系统

目前，制约智能制造技术发展的主要因素是存在信息孤岛、自动化孤岛、信息系统与车间自动化系统三种类型的孤岛。对于工艺设计、企业管理、生产制造、产销维护、上下级企业财务管理等内容，如何完成各系统功能的定制开发和向上向下的数据流传递，如何确保整体业务流程和生产流程沿着信息化的轨道推进和执行，成为车间建造执行管控系统设计开发和推进的重难点。

结合深中通道钢结构桥梁工程实际需求，通过分析钢箱梁制造加工工艺流程与特点，对全厂设备、工艺路线、物流转运进行集成规划。以钢箱梁数字全模型为基础，将物料管理技术、三维架构一体化、板材制造信息管理技术、虚拟预拼装技术和工业物联网平台技术等核心制造技术进行整合，综合应用于钢箱梁的设计、仿真、制造、管理、试验测试的各个阶段和各个方面。通过信息资源共享、研制过程协同、软件功能集成和基础环境建设，促进产品研制的数字化综合集成应用。建立以桥梁制造装备产线集成、桥梁工程设计建造集成、制造业务单元集成、运营管理一体化管理集成、试验测试总集成等为主的数字化工程建设平台（图5-60）。有效实现系统服务平台与高端制造设备、桥梁制造工艺、经营决策支撑、深中通道BIM制造模型等相结合的集

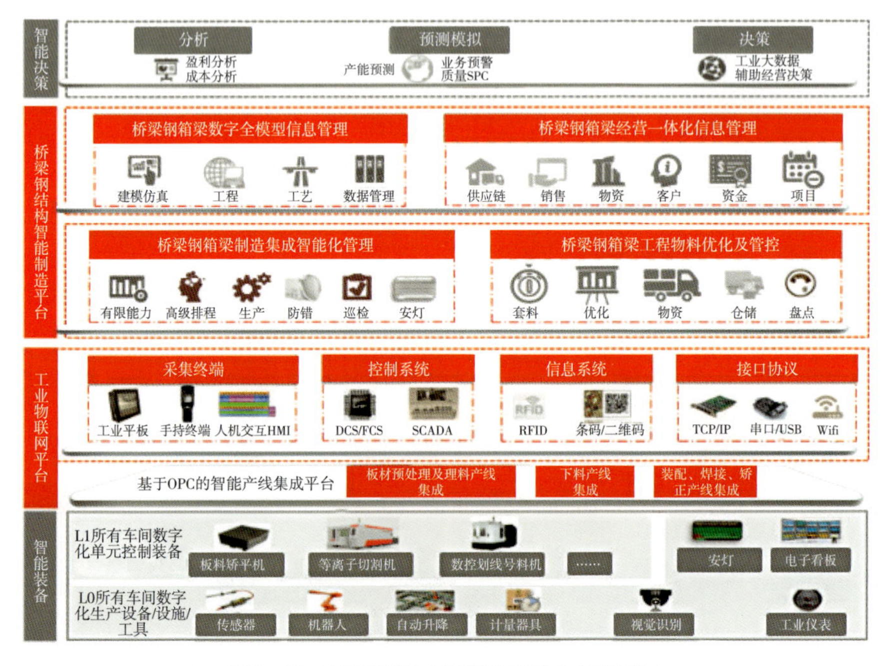

图5-60 车间建造执行管控系统总体规划框架

成创新，提高制造生产效率、降低制造资源消耗、提升产品内在品质、记录生产过程质量状况，促进钢结构桥梁产业持续、健康发展，打造在桥梁领域“智能制造”高端品牌。

5.5.3 钢壳混凝土沉管自密实混凝土智能浇筑

深中通道沉管隧道为国内首次大规模采用矩形双层钢壳内部填充混凝土的“三明治”复合结构形式，施工技术难度大，同时对自密实混凝土性能品质要求非常严格，需采用一种与施工环境条件相适应的自密实混凝土浇筑设备，来满足管节预制需求。针对深中通道沉管管节特定的结构形式，结合预制场选址条件及管节浇筑过程控制需求分析，项目比选出钢壳沉管自密实混凝土智能化浇筑设备（图5-61），该智能浇筑设备是在研制智能浇筑台车和折臂布料机的基础上联合“BIM+物联网+智能传感”的信息化和自动化技术进行管节智能化浇筑，有效地解决了管节预制过程中混凝土性能控制难度大及管节浇筑参数控制严格等问题，有利于节约人工成本和提高施工效率；同时也减少了浇筑过程中人为因素引起的质量风险及机械伤害，有利于提高管节预制质量及降低施工安全风险。

图5-61　钢壳沉管智能浇筑小车

根据管节结构形式、预制场地特点及设计相关要求和管节浇筑的相关技术要求，深中通道项目研制出适合超宽、变宽管节底板全覆盖浇筑的智能浇筑台车

图 5-62 钢壳沉管智能浇筑台车

（图5-62），设备主体采用门架式钢构形式，主要由主梁结构、大小车行走机构、料斗及其称重系统、浇筑调速模块（闸阀）、下料控制机构、提管机构、电气控制系统组成，并配以工控机检测智能浇筑台车运行状况，配有无线传输功能，可以连接外部装置传送接收数据，浇筑全过程可实现自动化、智能化。

实际工程中，混凝土输送泵设备仅具备近端操作功能，且混凝土泵送速度不稳定，不满足钢壳管节顶板和墙体的浇筑需求。对此，在原有混凝土输送泵基础上进行控制系统改造升级，即融合激光测距模块和远程控制模块（图5-63）；通过激光测距模块实时采集隔仓内混凝土液面上升数据，智能化控制泵机。

图5-63 隔仓浇筑远程控制操作界面示意图

根据管节预制特点进行布料设备的定制，布料机臂架总长17m，由三节臂杆组成，前端可实现10m软管的提升，满足管节墙体、顶板及端钢壳隔仓浇筑需求（图5-64）。

管节预制过程中，通过融合在混凝土输送泵中的激光测距模块和远程控制模块实现管节智能化浇筑，即智能浇筑系统通过设置在管节隔仓四边角的激光测距仪（图5-65）实时反馈的混凝土液面上升数据，并经系统处理，形成指令信号，发送给混凝土输送泵的远程控制系统，实现混凝土浇筑的下料速度自动切换、浇筑结束时机控制等功能。

图5-64　布料机优化升级

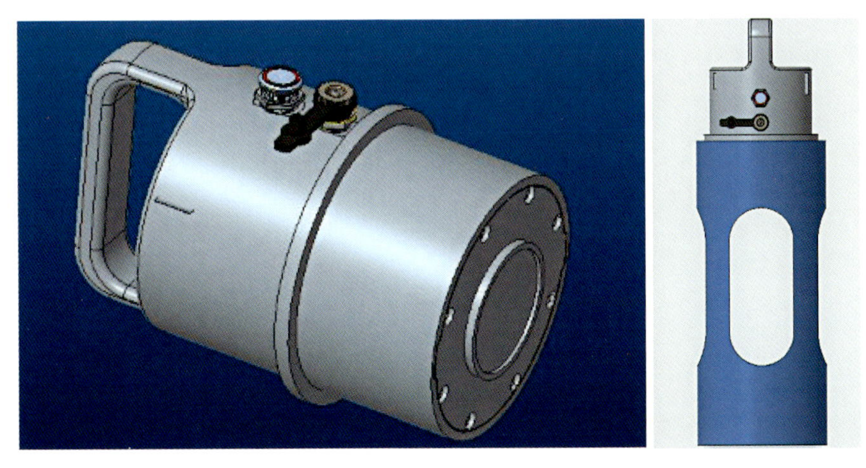

图5-65　激光测距仪工装展示

智能浇筑管理系统是在管节预制施工工艺确定的基础上进行开发研究，配合浇筑设备进行管节隔仓智能化浇筑作业（图5-66）。钢壳智能浇筑系统通过在非标管节和标准管节的应用和调试，有效地控制了隔舱浇筑质量，提高了浇筑效率，降低了施工安全风险。具体应用效果包括：

图5-66 智能浇筑管理系统

（1）提升标准化施工水平

利用智能化浇筑工艺，可以减少人为因素对隔仓浇筑主要控制参数的影响，使隔仓浇筑按照设计及相关规范要求进行标准化施工，提升管节标准化施工水平。

（2）提升信息协同及可视化水平

通过智能计算和信息协同进行计算和分析，模拟封闭隔仓内液面高度，达到可视化展示的应用效果，同时根据设定高度实时改变浇筑速度，提高了浇筑效率。

（3）提升管节预制质量

利用智能化浇筑工艺，可以将混凝土性能检测数据、浇筑施工数据等进行全过程采集和存档，方便追溯，浇筑过程中每一个关键参数均能得到有效控制，同时也减少人为因素引起管节预制过程中的质量风险；智能浇筑系统也可实现质量影响因素预警提示，保证管节预制朝着高品质、高水平方向发展。

（4）提升管节预制多元化管理模式

智能化浇筑可实现原材料库存、混凝土生产、混凝土指标检测、混凝土智能浇筑、视频监控等工序的统一协调管理，有助于工程项目提质增效，也完善了多元化管理模式。

5.5.4 钢壳沉管管节智慧安装

受建设条件制约，沉管施工可能面临：长距离超大体量沉管管节浮运，大横流条件下沿基槽长距离横拖及复杂水文泥沙条件下管节深水沉放对接精度控制等系列技术难题。传统的沉管浮运安装方法难以适应需求，对管节浮运安装装备及工艺提出了非常高的要求。结合实际需求，研发沉管运输安装一体船及沉管沉放智能控制系统，实现智慧安装（图5-67）。一体船具有接沉管出坞、带沉管自航到施工水域进行自动定位安装等功能，综合沉放驳及动力船的特点，具有航迹线控制、自航速度快、抵抗横流、减少航道通航影响、可实现应急回拖、施工风险可控、管节结构适应性强等优点，有效提升长距离管节浮运施工安全保障能力，并大幅提升浮运安装工效。

图5-67 沉管钢壳智能制造生产线及管控系统布局

由于沉管的运输安装是个系统工程，各个工序、各个环节、各个因素相互影响，因此需要对整个施工过程的各个参数进行准确监测、监控、反馈，按照一体船各子系统功能，施工管理系统归纳为三个子系统，分别为施工操作系统、施工测控系统和视频监控系统。

1. 施工操作系统

施工操作系统包含船舶绞车操作系统、船舶压载操作系统、沉管压载水系统、管节拉合控制系统。

1）船舶绞车操作系统

船上28台锚绞车的远程控制系统，根据锚绞车类型不同划分为M、H、L、P四个片区，实现绞车的远程操控及各项参数的设定及显示（图5-68）。

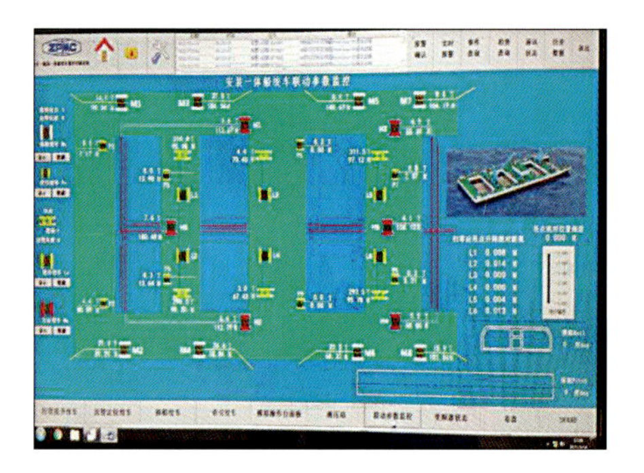

图5-68 船舶绞车操作系统界面

2）船舶压载操作系统

船舶压载操作系统是一体船配载水箱的远程操控系统，可实现远程操控及各项参数的设定及显示（图5-69）。

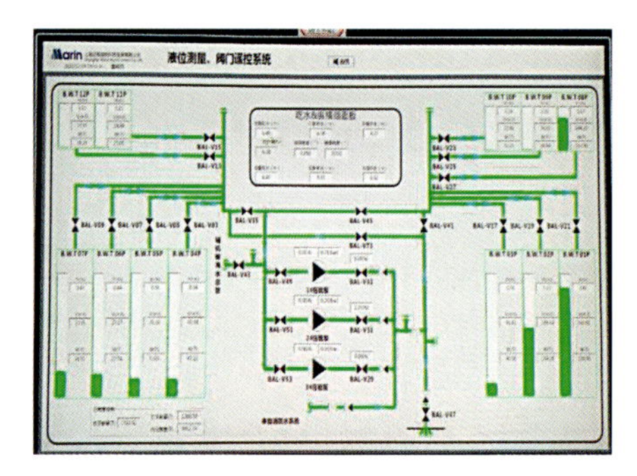

图5-69 船舶压载操作系统界面

3）沉管压载水系统

沉管压载水系统是沉管压载水箱灌排水的远程操控系统，可实现远程操控及各项参数的设定及显示（图5-70）。

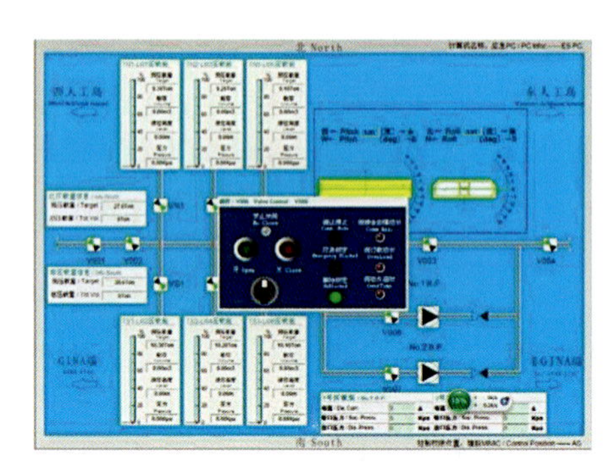

图5-70 沉管压载水系统界面

4）管节拉合控制系统

管节拉合控制系统是沉管安装拉合设备的远程操控系统，可实现远程操控及各项参数的设定及显示（图5-71）。

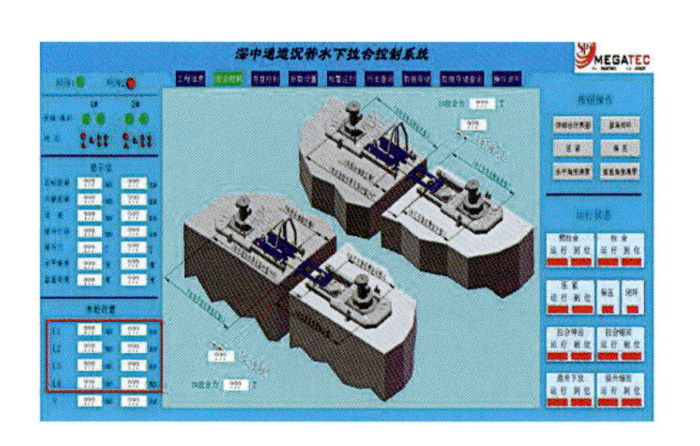

图5-71 管节拉合控制系统界面

2. 施工测控系统

施工测控类系统包括浮运导航系统、沉放测控系统、气象保障系统、封门监测系统。

1）浮运导航系统

浮运导航系统的作用是沉管浮运、系泊过程中，显示管节定位，指导船舶航行（图5-72）。

2）沉放测控系统

沉放测控系统的作用是沉管下放对接过程中，显示管节定位，指导管节精确对接（图5-73）。

图5-72　浮运导航系统界面

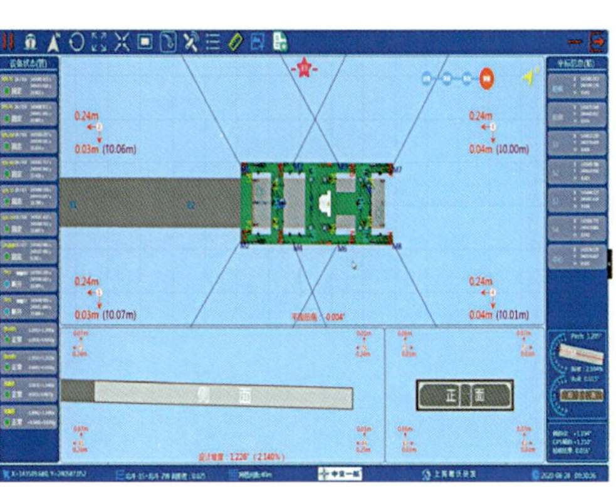

图5-73　沉放测控系统界面

3）气象保障系统

气象保障系统是由国家海洋预报中心建立的海洋环境观测与预报综合显示系统。

4）封门监测系统

封门监测系统是中交天津港湾工程研究院有限公司研发的施工过程安全监测系统（图5-74）。

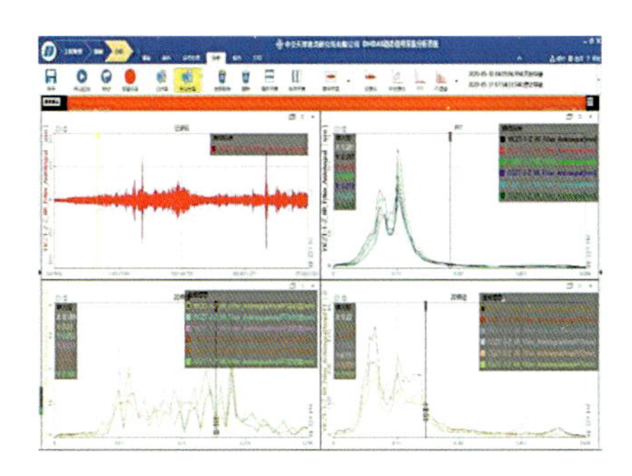

图5-74　封门监测系统界面

3. 视频监控系统

视频监控系统包括船舶监控系统、沉管监控系统。

1）船舶监控系统

CCTV视频监控系统是通过布置在船体四周的摄像头实现一体船重要设备及甲板的实时视频监控，为船舶运行过程中重要部位提供视频图像监控（图5-75）。

图5-75　船舶监控系统界面

2）沉管监控系统

沉管监控系统是通过布置在管内的摄像头实现沉管水下钢封门、压载水箱等位置的视频监控（图5-76）。

图5-76　沉管监控系统界面

自航式一体船及数字化施工控制系统、

一体船结构安全监测系统的成功开发，不仅能满足深中通道工程沉管施工的要求，实现沉管浮运安装的安全、质量、工效达到预期要求，有效提高沉管沉放安装的精度及效率；同时填补了国内外沉管超长距离浮运安装领域的一项技术空白，达到国际领先，成为国外首次采用的装备和技术。

5.5.5 打造智慧梁场

我国桥梁中混凝土结构占绝大多数，自20世纪80年代以来，混凝土桥梁上部结构大多采用预制拼装施工，预制装配工艺应用较早。目前，我国基础建设大力发展，桥梁建设规模日益扩大，预制梁场数量及规模都呈放大趋势。预制梁场建设经过近40年的发展，智能化设备的应用越来越多，梁场管理也更加精细化，随着BIM与信息化技术的不断发展成熟，基于高精度模型的数据信息协同性，可从各个管理角度对数据进行查看、修正，便于梁场各项管理工作的集成。各种智能设备的应用日渐普遍，新型智能设备的开发不算困难，实现预制梁全过程智能化生产在理论上不存在大的技术问题。物联网技术的应用可以将各类设备、传感器等进行集成，可以实现同平台集中管理。有线、无线网络技术可以保证全梁场数据信息的有效传导。总体而言，实现预制梁场智慧化，即“生产过程智能化、管理过程信息化”的基础已经具备。通过实现预制梁场智慧化，一方面可以满足目前预制梁施工越来越严格的安全质量控制要求，通过智能设备对关键工序进行控制，获得良好稳定的控制效果；另一方面通过智能设备和智慧管理平台、模块的投入，可以节约大量的管理、作业人员，在进度、安全、质量等管理层面具有更好的效果，综合效益明显。智慧梁场建设的关键技术，主要是从硬件设施及软件配套入手，一方面是预制梁各工序的智能化施工，另一方面是通过BIM智慧管理平台对预制梁场进行全方位的集中管控。通过智能化设备的应用，利用各管理系统的自动化信息统计、流转、分析、图表呈现等功能，很大程度地节约了作业、管理人员投入，减轻了人员施工及进度、安全、质量等管理的工作压力，同时取得了良好的生产、管理效果。

预制梁生产的关键工序主要由钢筋加工、模板安拆、混凝土浇筑、养护、预应力张拉压浆及移存梁几个部分组成。预制梁场管理主要涉及进度、安全、质量、人员、材料、设备等多个方面，通过打造基于BIM信息的智慧管理平台，根据相应的管理任务、流程和要求等集成或打造专门的管理模块对各子业务进行系统管理。通过集成搅拌站ERP管理系统、钢筋加工设备管理系统、视频监控系统、结构及环境监测系统等，为各项管理工作实现基础数据采集、交互和分析管理。同时，将进度、安全、质量、设备等管理模块内容与预制梁场的主体结构BIM模型建立关联，在模型上以颜色、信息、图钉等形式反映各项管理功能，反馈主要管理状况，使管理问题一目了然，便于改进。

智慧梁场以BIM信息技术为基础，创建智慧管理平台对整个预制梁场的生产流程、业务管理进行综合管理，主要包括两个方面的内容，即生产过程自动化及管理过程信息化（图5-77）。生产过程自动化主要通过采用或开发各种智能化生产设备，对预制梁施工过程中的钢筋加工、模板安拆、混凝土浇筑、预应力张拉压浆等进行自动化作业，减少人工投入。同时通过智慧管理平台对各项智能设备进行集成，实现信息采集、指令控制等功能。管理过程信息化主要是通过智慧管理平台集成视频监控系统、监测系统、搅拌站管理系统等，并开发进度、安全、质量、人机料等管理模块，通过数据自动采集、分析，及客户端、移动端数据填报、流转等，实现整个梁场各功能模块管理的自动化、信息化（图5-78）。

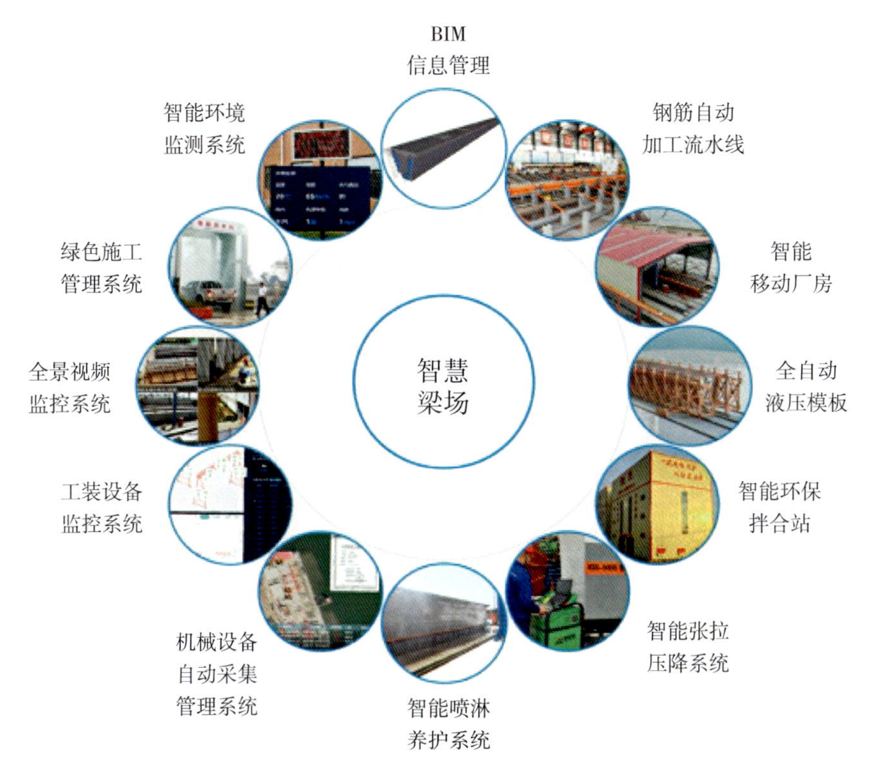

图5-77　智慧梁场技术路线

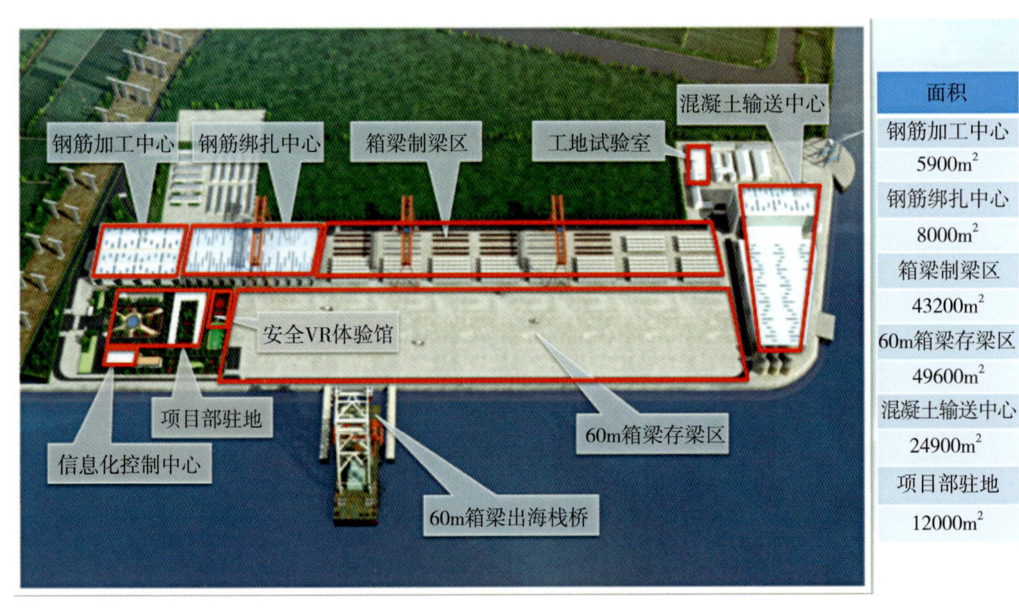

图5-78 梁场功能分区示意图

智慧梁场以BIM三维模型为基础，开发BIM智慧管理平台进行综合管理。BIM智慧管理平台通过集成钢筋数控加工、搅拌站管理、模板控制、自动浇筑振捣、智能养护、预应力智能张拉、压浆和大型箱梁移运等系统，自动采集施工过程中生产要素信息，通过项目安全、质量、进度、物料、设备、人员、环境管理模块的开发或集成，对预制梁场进行全方位信息化管理（图5-79）。智慧管理平台分三个操作终端——C/S

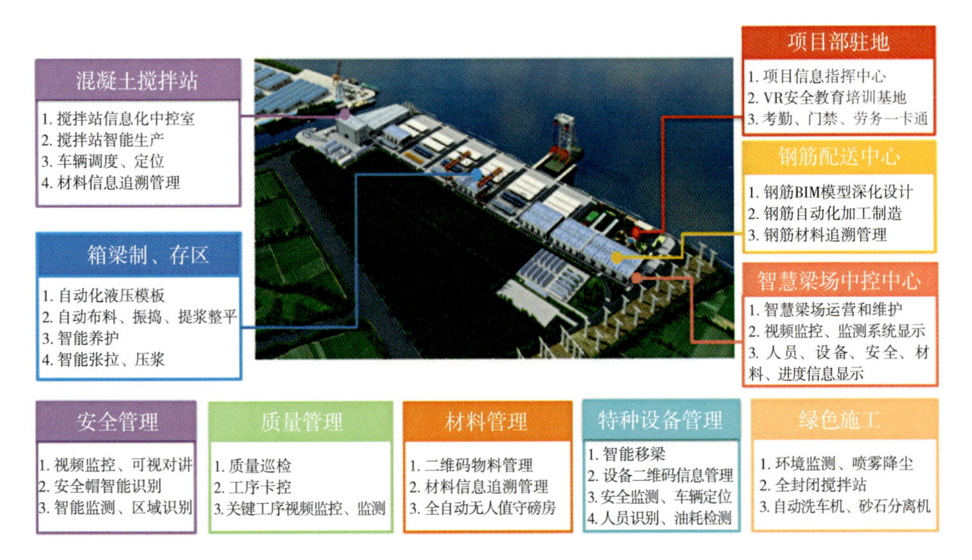

图5-79 智慧梁场智能应用集成规划

端（客户端）、B/S端（网页端）和W/S端（移动端），对预制梁施工过程进行工序报验、信息交流和控制管理，提高了工作效率和管理质量。项目设立信息化控制中心（图5-80），作为智慧梁场的总控中心，通过BIM智慧管理平台（图5-81）对整个预制梁场进行综合管理。

图5-80　信息化控制中心

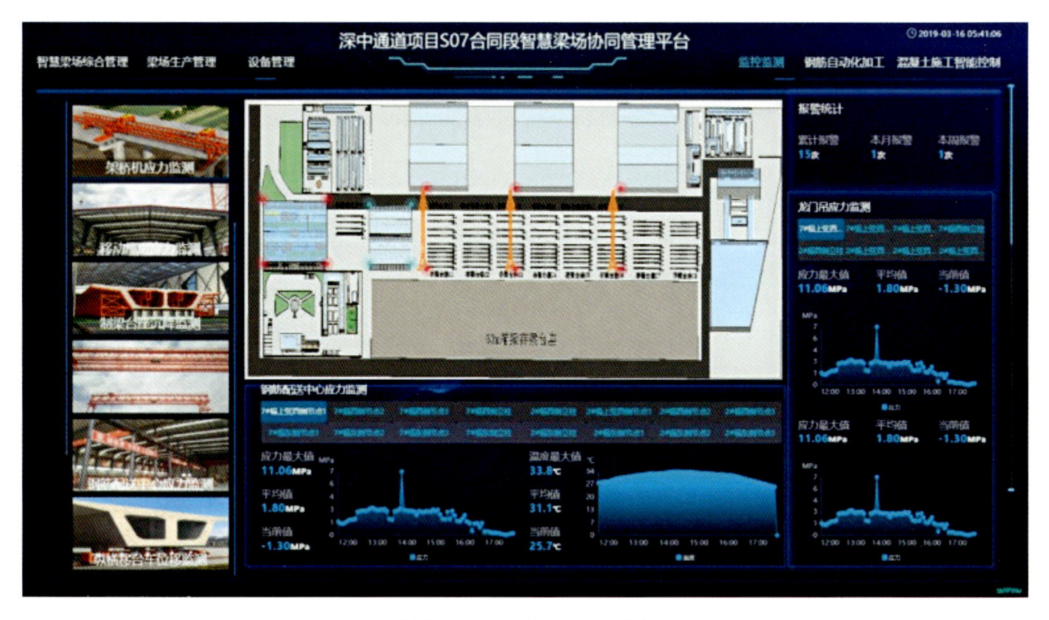

图5-81　协同管理平台界面

1. BIM模型应用

依据设计图纸，使用REVIT、TEKLA等BIM软件对场地布置、大临结构、工程实体等创建标准为LOD400的高精度模型，可静态查询构件模型的各种参数、施工信息并进行碰撞检查，反馈设计问题，又能结合动态时间属性进行施工模拟及数据分析，对进度管控起到辅助作用。

将建立的基于IFC标准的4D-BIM模型、施工结构模型、施工辅助设施设备模型、施工场地模型导入到Navisworks软件或其他施工模拟软件中，依据施工布置对各部分模型进行组装，最后将施工进度计划和工艺顺序进行关联，依据施工步骤对各个分项工程和专项工程的施工过程进行模拟（图5-82）。可为施工方案比选、评审等提供可视化成果，提高沟通效率；可对施工过程提前进行预演，优化施工工序，改进施工方法。

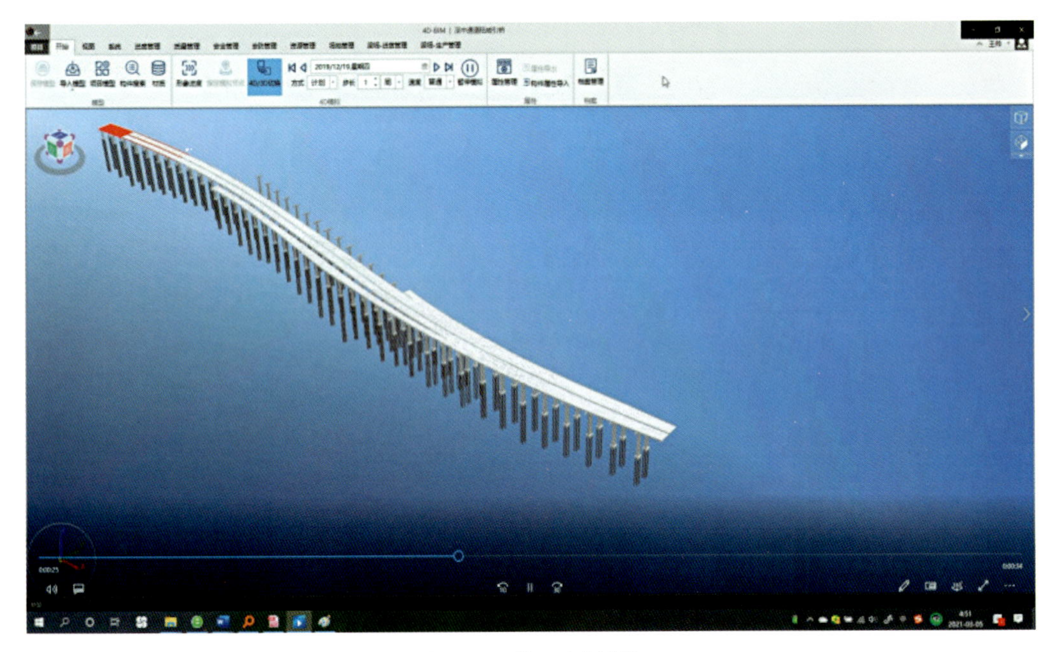

图5-82 施工动态模拟

2. 资源管理

1）人员管理

人员管理采用实名制系统+门禁系统+考勤系统相结合的方法，将各智能卡子系统关联应用，将工人、管理人员、外来访客及其他临时人员等所有人员全部纳入系统的管理范畴，实现人员实名制、考勤、门禁、监控、信息发布等智能化综合管理，为项目建设提供人、财、物全方位的安全保障和安全舒适的工作环境。人员信息手动录入管理平台数据库，包括人员姓名、身份证号、头像、工种、资质证书、进出场时间、安全教育、技术交底、所在部门（班组）等，可以从工种、班组等多维度进行信息筛选及人员管理。

门禁管理采用智能门禁系统，由出入口闸机（三辊闸或翼闸）、人脸抓拍机、LED显示屏、音箱等组成，通过与人员信息数据库链接，对进场人员进行人脸识别并设定入场权限，对系统录入的参建人员自动放行并抓拍留影、记录进出场时间，通过网络上传至管理平台后台系统进行数据整理存档。

关键岗位人员管理主要针对龙门式起重机、搅拌站、运架一体船等专业机具操作人员，通过对操作人员进行身份验证，杜绝非授权人员操作机具，避免发生危险。采用智能人脸识别系统，与系统中相关操作人员的信息数据库关联，在人员到岗开机及离岗关机时均进行人脸识别验证，并自动登记操作人员信息及到、离岗时间；同时，在操作过程中人脸识别系统将随时开启人脸比对功能，防止操作中途换人，发现异常时即将异常信息上传至管理平台，发起警报，系统自动通知相关管理人员进行处理。

2）物料管理

根据物资管理功能需求，智慧梁场物资管理功能模块主要用于实现物资从计划到物资追踪全过程信息化管理。该功能模块包括：计划管理、采购管理、进出场管理和物资追踪（图5-83）。系统可根据物料入库、使用及盘亏等自动分析库存，形成库存

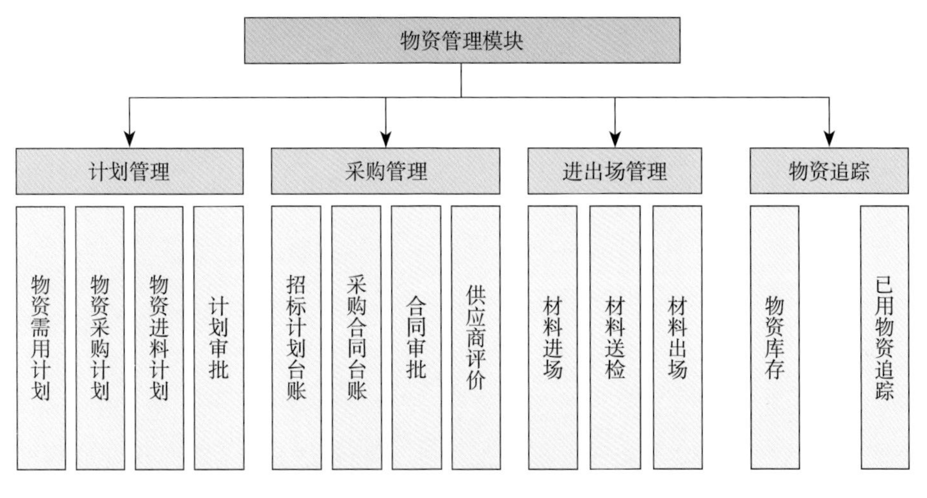

图5-83　物料管理功能

报表，每月定时向物资管理部门反馈，管理人员可根据需要随时查看物料库存情况。系统中可根据库存数量设置不同级别预警线，当物料数量低于设定值时，系统自动向负责人发送预警信息。

3）设备管理

设备管理对象为梁场内所有大型设备，包括龙门式起重机、罐车、搅拌车等。设备管理内容包括设备基本信息管理、设备运行状态监测以及设备应力监测管理。基本信息管理对项目所需机械设备进行集中管理，系统数据库中录入机械规格型号等基础信息，管理人员通过手机端填报机械的进场时间、检查维修记录和凭证资料等信息，对设备系统数据库进行不断完善。系统赋予每台设备唯一的二维码，张贴在设备明显位置，通过扫描二维码可以获取机械的基本信息、使用情况、责任人等相关信息（图5-84）。

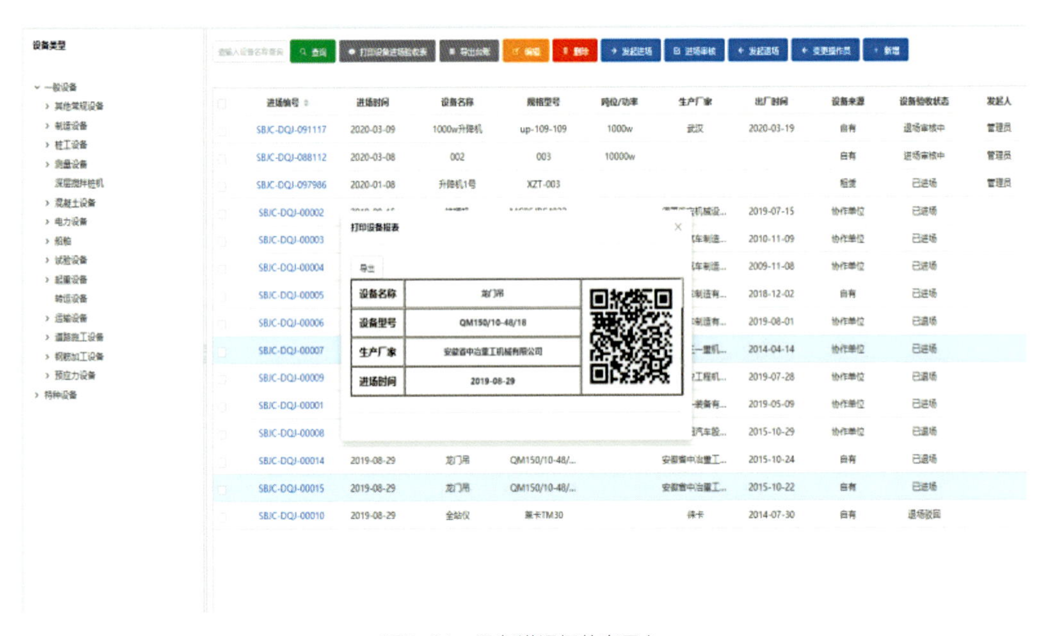

图5-84 设备进退场信息录入

运行状态管理，是对所有大型生产运输及施工机械设备安装车载装置，进行车辆及机械设备定位、监控。通过定位系统对车辆运行路线进行定位、速度监控，系统自动记录并形成运动轨迹，供后期调阅。通过将机械设备定位系统、视频监控与BIM模型进行集成，实现现场机械设备的可视化管理，借助BIM模型，能够随时调取机械设备的运行状态及实景影像。

3. 质量安全管理

质量安全管理通过网页端和手机APP对预制构件原材料、生产过程、质量检验以及成品梁验收的全过程全要素进行管理（图5-85、图5-86）。质量管理人员在管理平台上和手机APP上实时录入，通过结构化数据形式，可将所有数据附加到相应的三维模型上，实现一次输入、重复调用，避免数据的重复输入，提高工作效率，功能实现包括工序卡控、检验批、重要工序质量控制、隐患问题排查整改等。安全管理模块类同，功能实现包括安全人员证件信息、重点设备定期核检、安全问题隐患排查整改等。

#	问题图片	所属面板	问题描述	整改要求	区域划分	专业分类	严重程度	发起人员	经办人员	问题状态	发起时间	整改时限
1		默认面板	引桥右幅32#-1（188#-189#跨）箱梁梁体底腹板钢筋外侧个别采用不同形状垫块，腹板箍筋间距超...	及时对不同形状的垫块进行更换，对腹板箍筋间距进行调整，确保其满足设计及规范要求。	钢筋配送中心	质量缺陷	一般	丁启胜	丁启胜	验收完成	2019-02-25	2019-02-25
2		默认面板	钢筋笼螺旋箍筋局部间距超标。	立即对钢筋笼螺旋箍筋间距进行调整，确保间距符合设计(20cm)及规范(允许偏差1cm)要求。	钢筋配送中心	质量缺陷	一般	丁启胜	丁启胜	验收完成	2019-02-25	2019-02-25
3		默认面板	F4#墩第3节钢筋部品扎丝丝头侵入钢筋保护层。	立即对该部品扎丝丝头进行整改，确保扎丝丝头不得侵入钢筋保护层内。	钢筋配送中心	质量缺陷	一般	丁启胜	丁启胜	验收完成	2019-02-22	2019-02-22
4		默认面板	无	无	陆域引桥现场	质量缺陷	一般	梁海文	梁海文	验收完成	2019-02-19	2019-02-19
5		默认面板	F匝道3#-3箱梁底腹板钢筋(3#胎架)绑扎施工中，腹板箍筋间距不均匀，需调整。	立即对钢筋间距进行调整，确保钢筋间距符合设计(10cm)及规范(允许偏差正负5mm)要求。	制存梁区	质量缺陷	一般	丁启胜	吴侃	验收完成	2019-02-19	2019-02-20

图5-85 安全质量问题隐患排查

种类

删除　编辑　+ 新增

安全(2)
设计(2)
技术(3)
质量(3)
造价(2)
测试(0)
测试1(0)

输入文件名称关键字搜索　查询　删除　编辑　批量关联人

序号	文件名称	上传日期	上传人	种类	关联人
1	6号墙墩大堤防护工程技术	2019-11-29	管理员	安全	是
2	5号主墙墩大堤防护工程技术（安全）专项施工方案	2019-10-31	管理员	安全	是
3	1安庆至九江铁路湖北段AJZQ-3标标段实施性施工组织设计	2019-10-31	管理员	设计	是
4	鳊鱼洲长江大桥正桥北段施工组织设计	2019-10-31	管理员	设计	是
5	北汊河栈桥技术设计	2019-10-31	管理员	技术	是
6	粉喷桩技术交底设计	2019-10-31	管理员	技术	是
7	南引桥质量设计	2019-10-31	管理员	质量	是
8	活动板房技术质量	2019-10-31	管理员	质量	是
9	栈桥、码头、平台质量	2019-10-31	管理员	质量	是
10	主桥基础桩造价	2019-10-31	管理员	造价	是
11	1号墩预定金额	2019-10-31	管理员	造价	是
12	高速铁路桥涵工程施工技术指南	2019-10-31	管理员	技术	是

图5-86　档案资料实时查询

4．绿色施工管理

主要针对施工现场的环境保护、节能减排、资源回收再利用等方面，硬件配置有环境监控监测仪、智能洗车机、压滤机、废料处理设备等，数据类信息通过管理平台相对应模块动态采集，实时共享（图5-87）。

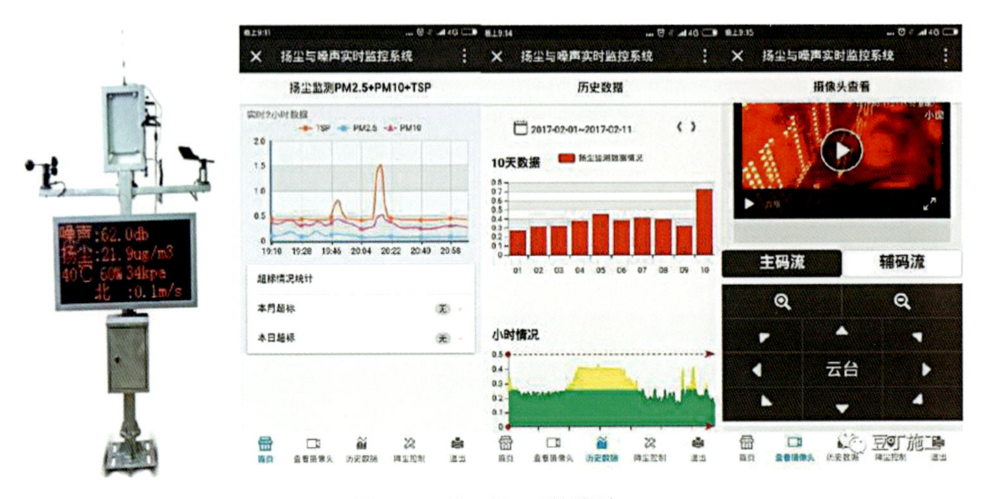

图5-87　施工场区环境监测

5．预制生产数字化管理

智慧梁场数字化主要面向进度管理及台座管理（图5-88）。进度管理是针对梁场整体制梁和架梁进度（单片梁的施工进度在台座管理上实现），通过获取制梁区和存梁区预制构件的数量，生成实际的生产进度和现场架梁进度，并将总体、年度、季度、月度计划分别和实际生产进度进行对比，实时反馈计划与实际进度之间的差异，指导制定、调整下一阶段生产计划。台座管理是通过获取制梁台座当前施工状态（混凝土浇筑、张拉、压浆、养护等），结合制梁台座BIM模型，实时动态展示当前制梁台座状态，帮助管理人员把握当前梁厂施工状态；另一方面通过绑定预制构件编号和台座编号获取当前预制构件的施工进度；存梁台座通过手机APP或者智能视频获取存梁台座状态，即每个存梁台座上预制构件数量以及编号，从而实现存梁区的可视化展示，帮助管理人员把握当前存梁状态以及规划下一步生产计划。

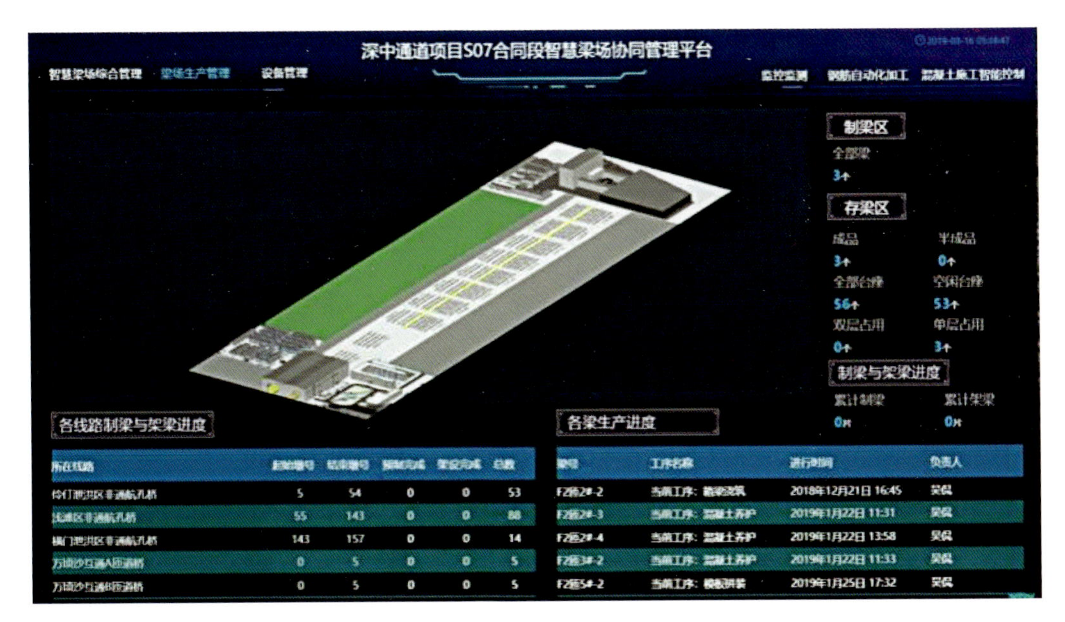

图5-88　梁场生产数字化管理

6．安全保障管理

智慧化安全保障主要针对梁场生产安全进行管理，结合云计算、智能传感、大数据分析等先进技术，通过视频监控、智能传感器、智能设备升级改造、智能视频分析等手段，实现远程、实时、高效、智能的安全管控。

1）安防视频监控

利用高清监控设备与图像识别技术盯控安全状态，支持在报警发生时自动截取报警录像，并与安全管理模块进行联动，实现报警自动发起安全管理流程的功能（图5-89）。主要功能有安全帽佩戴检测、危险区域临边检测等。

图5-89　安防视频监控

2）大临结构和机械设备安全监测

通过应力传感器，使用振弦应变计检测法和电阻应变计监测法对钢筋加工厂房、大型龙门式起重机、架桥机、纵横移台车、运架一体船等结构和设备的工作应力进行监测，设置两级预警并发起安全管理流程，以确保结构安全，并结合视频监控加强管理（图5-90）。

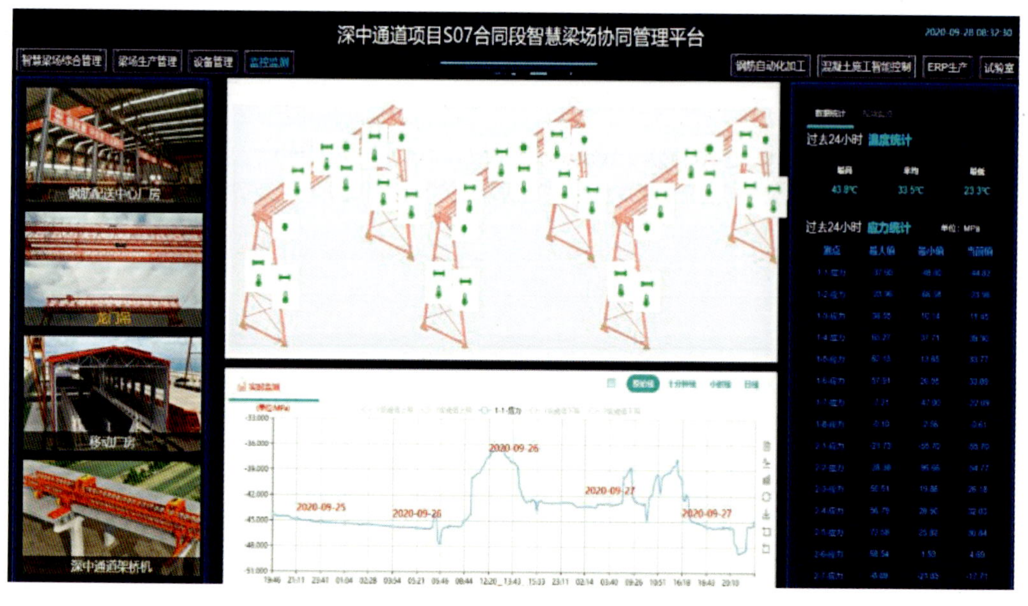

图5-90　大临结构应力监测系统

第6章

科技创新驱动质量提升

- 6.1 跨海重大交通基础设施科技创新管理体系
- 6.2 复杂海洋环境下钢壳混凝土沉管隧道建设关键技术
- 6.3 重大跨海通道全生命周期安全保障关键技术
- 6.4 饱和交通下海底钢壳沉管和互通式隧道火灾防控及智能交通管控技术

跨海重大交通基础设施项目技术极其复杂，应坚持需求及目标引导科技创新理念，大力推广性能可靠、先进适用的新技术、新标准、新装备、新工艺、新材料，建立科研、施工、设计、装备四位一体机制，着力攻克解决跨海重大交通基础设施在设计、施工、运营和管理上存在的技术瓶颈问题，为建设畅通、安全、高效、耐久的跨海重大交通基础设施提供坚实的科技支撑，提升工程质量安全水平。

6.1 | 跨海重大交通基础设施科技创新管理体系

1. 科技创新管理目标和总体思路

1）科技创新管理目标

深入实施国家、省创新驱动发展战略，贯彻落实“创新、协调、绿色、开放、共享”的发展理念，结合目前国家提倡的平安百年品质工程、绿色工程建设及以BIM为基础的信息化建设为抓手，通过建立完善的科技创新体系和建设管理创新体系，加强技术创新和集成创新，为跨海重大交通基础设施建成为安全舒适、优质耐久、经济环保、和谐美观的世界一流可持续跨海通道提供科技支撑。同时，在建设过程中研发一批与项目相匹配的优秀科技成果，培养一批与项目匹配的优秀人才。科技成果争创国家科学技术奖，争创国际结构工程大奖。

2）科技创新总体思路

坚持技术创新是灵魂的方针，以需求为导向，以高素质科研团队为核心，以科研技术装备为保障，本着解决跨海重大交通基础设施项目设计、建设和运营维护过程中的技术难题，让科研创新成果用于项目实施全过程，创建平安百年品质工程、绿色交通、智慧交通和平安交通。

科技创新应坚持以需求为引领，结合项目工程技术特点，按照需求引领创新的原则，立足以自主创新为主，充分吸纳、借鉴和集成国内外类似工程项目和相关行业领域的科研成果，开展“桥、岛、隧及水下互通”跨海集群工程建设关键技术研究，实现科研先行，构建科研、设计、施工、装备四位一体的互通机制，让技术创新为设计、施工、管理养护一体化服务，推动大型复杂跨海交通工程建设管理研究，促进我国工程管理水平的提高。

依托跨海重大交通基础设施进行延伸研究，攻克行业带有推广性的共性关键技术难题，形成跨海“桥、岛、隧及水下互通”集群工程系列的设计和施工指南、施工技术规范、工法及发明专利，形成相关专业方向的中国技术标准，带动相关产业发展及技术升级，提升国家竞争力。

2. 科技项目组织管理与职责

创新活动管理设“管理中心—参建单位”两级管理体系，实行统一领导、分工负责、归口管理的原则。跨海重大交通基础设施管理中心设立创新活动领导小组（以下简称“领导小组”），领导小组组长由管理中心总工程师担任。领导小组负责制定创新规划，审批相关制度，协调并决策创新活动中的重大问题，审核奖惩建议，对创新活动的开展进行监督。

领导小组下设工作小组，工作小组日常工作由总工办负责。管理中心负责项目的组织管理与协调工作，为承担单位提供必要的支持条件。管理中心或上级部门组织和主持项目的评审、验收，负责科研成果鉴定、奖项申报等。总工办是管理中心创新活动归口管理部门，负责项目科学技术研究的直接组织和管理工作，各参建单位也应设立或指定相关部门作为二级管理机构，并配备相应管理人员。

科研实施单位要结合项目总体工作计划，积极推进课题实施，并及时向管理中心汇报工作，接受管理中心全面工作指导。

3. 科研项目立项和过程管理

科研项目在政府或行业主管部门的立项申请由跨海重大交通基础设施管理中心统筹，牵头负责提出申请。科研项目实行项目负责人制，项目负责人要遵循相关规章制度，并在合同中明确各参研单位和各科研项目负责人的责任和义务。科研项目实施单位做好科研项目进度计划管理，按要求及时将进展、计划、成果等上报管理中心。跨海重大交通基础设施管理中心实行科研项目工作大纲评审制度、重大事项报批制度、监督检查制度、阶段工作报告制度、责任追究制度等。

6.2 | 复杂海洋环境下钢壳混凝土沉管隧道建设关键技术

聚焦钢壳–混凝土沉管隧道的核心关键技术与共性关键技术，在理论与方法、结构与构造、施工与装备、检测与预警、成果与应用五大维度进行系统攻关、一体化实施。在理论方法方面，首先突破钢壳–混凝土沉管结构受力机理与设计方法以及钢壳–混凝土沉管隧道结构长寿命耐久性保障设计方法，为结构构造研究、施工技术及装备研发提供基础理论；进而在结构构造方面，研究钢壳–混凝土沉管隧道结构合理构造和海中推出式最终接头实现技术，为施工工艺及装备研发提供构造输入条件；接着在施工工艺及装备方面，研发自流平混凝土材料制备与浇筑、管节（含曲线变宽管节）高精度沉放对接、沉管浮运安装一体船和自升式碎石整平清淤设备等核心装备，并配备可靠无损检测技术及装备、建设环境精准预警预报系统平台，从而搭建钢壳–混凝土沉管隧道承台设计施工技术体系（图6–1）。

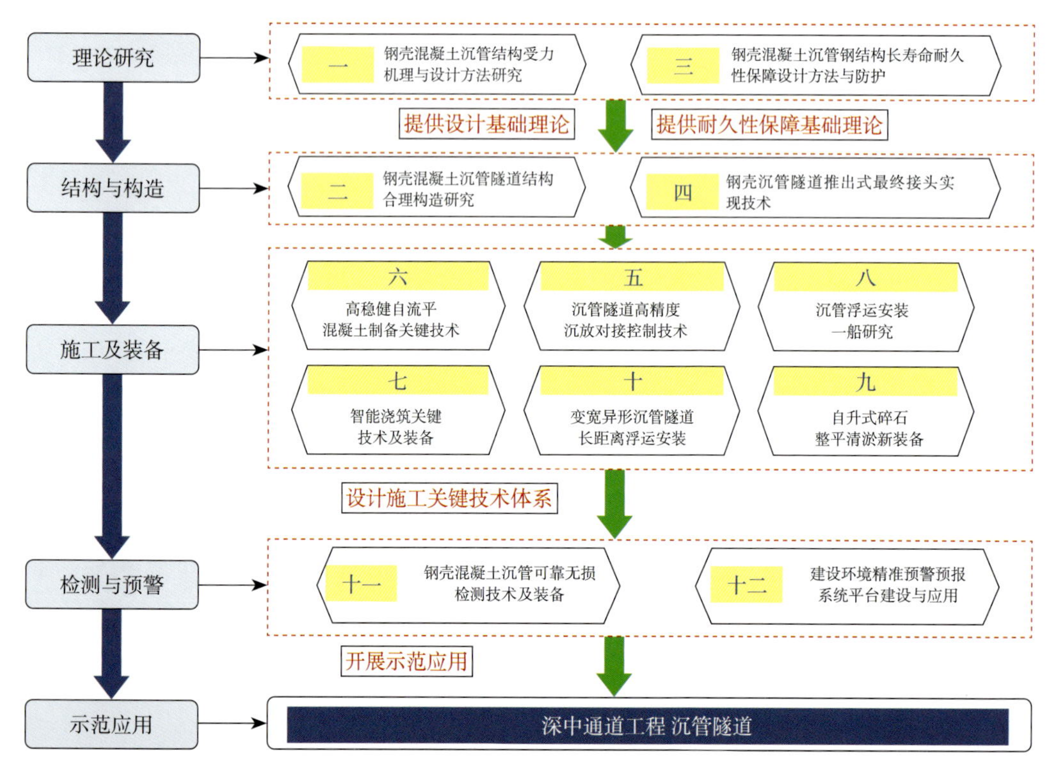

图6–1 钢壳–混凝土沉管隧道建设关键技术研究路线图

6.2.1 拟解决问题

1．关键科学问题

1）钢壳混凝土沉管隧道受力机理与基本设计方法

在钢壳与混凝土界面脱空、钢壳残余应力等多重因素联合影响下，钢壳混凝土沉管隧道受力机理复杂。研究钢壳混凝土沉管隧道弯剪力学行为特性，揭示弯剪受力机理并提出基本设计理论，是解决钢壳混凝土沉管隧道设计方法的关键科学问题。

2）钢壳混凝土沉管隧道钢壳电化学腐蚀发生发展机制

基于碎石块石包裹为特征的特殊海泥环境，研究和评估钢壳电化学腐蚀与涂层防护耦合作用下的腐蚀发生机制，揭示100年电化学腐蚀发展规律，是构建钢壳长寿命耐久性保障技术的关键科学问题。

3）咸淡水交汇区多尺度运动层化水体动量、物质混合机理

河口区水体密度变化剧烈，分布形态受大尺度环流、径流、潮流甚至波浪共同影响，密度的分布对海流形态亦具有反作用，研究表面摩擦（风）和底摩擦作用下这几种不同运动形式对水体的动量、物质混合的影响过程，是沉管隧道建设环境精准预报的关键科学问题。

2．关键技术问题

1）钢壳混凝土沉管隧道合理关键构造技术

钢壳纵横隔板、抗剪连接件构造及布置的合理性直接影响钢壳混凝土沉管组合结构的整体力学性能；隔仓规格布置及抗剪连接件流通孔、浇筑孔及排气孔设置的合理性直接影响混凝土浇筑质量。因此，钢壳合理构造是钢壳混凝土沉管隧道的关键技术问题之一。

2）钢壳混凝土结构耐久性防护及自感知技术

沉管钢壳耐久性防护100年的实现，需要牺牲阳极保护作用跨越全生命周期。在涂层老化及回填碎石块石环境的综合作用下，阳极电化学长期性能保障是世界性难题。通过数值分析与试验模拟技术，准确评估各类影响因素下阳极使用年限和保护范围，提出钢壳混凝土100年耐久性防护新技术，并通过自感知监测技术实现100年使用年限的钢壳混凝土腐蚀防护状态评估，是钢壳混凝土沉管隧道的关键技术问题之一。

3）钢壳混凝土沉管隧道海中推出式最终接头实现技术

推出式最终接头扩大端合理构造、滑道布置、拉合锁定及纠偏系统、防水体系、

后注浆基础垫层及刚度过渡、含扩大端特殊管节长距离浮运沉放控制、推出精度控制等设计施工问题，是最终接头实现需要解决的关键技术问题。

4）高稳健自流平混凝土制备、智能浇筑工艺及质量控制技术

在温度、原材料、浇筑速度和泵送距离等多因素耦合作用下，自密实自流平混凝土的制备是行业难题，其高稳健性是保障钢壳混凝土填充密实性的关键；自流平混凝土浇筑过程涉及材料、工艺、装备等多个关键环节，相关的智能浇筑装备研发及工艺，是实现管节高品质、高工效预制的关键，是钢壳混凝土沉管隧道的关键技术问题之一。

5）钢壳混凝土沉管隧道高精度沉放对接控制技术

沉管隧道沉放安装最关键的是控制首尾端的运动姿态，其中尾端控制难度更大。国内外现有技术仅实现了首端控制，但尾端控制并未实现，无法满足超宽沉管沉放精度要求。深中通道拟研发国产声呐设备，构建具有全向波流模拟与拖曳功能的试验平台，实现尾端运动姿态精确控制，是实现超宽异形管节高精度对接的关键技术问题之一。

6）钢壳混凝土沉管隧道管节浮运安装一体船研制与应用

传统的沉管隧道浮运安装一般采用拖轮拖带、沉放舶安装，浮运速度慢、拖带距离短，难以适应复杂航路超宽管节长距离浮运要求。深中通道为此研发了世界首条浮运安装一体船，具有自航、DP定位和循迹功能，浮运安装一体船是保障项目顺利实施的关键装备。

7）适应珠江口大回淤特性的自升式碎石整平及清淤专用装备

港珠澳大桥沉管隧道采用的自升式碎石整平船，驻位范围小，难以适应珠江口大回淤特性的碎石整平作业。深中通道为此研发集定位测量、石料输送、高精度铺设、质量检测于一体的碎石基床整平设备，驻位铺设范围大，整平速度提升了一倍，配备了清淤专用装备，可适应珠江口大回淤建设条件，是保障项目顺利实施的关键装备。

8）钢壳混凝土脱空无损检测技术和智能化装备

对厚板下混凝土与钢板间的界面脱空检测是一项世界性难题。基于近源弹性波场的相应特性及中子数变化规律，研究评价参数与脱空指标的定量关系，实现脱空位置和高度的毫米级测量，并研发快速、可视化的检测装备，以满足检测精度和效率要求，突破复杂结构、厚钢板脱空检测的技术难题。

9）考虑精细化河网模型及径流影响的海流预报准确性提升技术

海流是沉管隧道建设环境的关键预报要素，入海径流量对河口区海流预报有至关重要的影响，模型的河流边界设置在入海口会导致海水产生虚假反射，影响河口区计

算结果，设置到河流上游则需考虑整个河网流域的淡水输入问题。如何在包含河网的海流模型中确保淡水量恰当、准确的输入，从而提升海流预报的准确性，是建设沉管隧道环境精准预报平台的一个关键技术问题。

6.2.2 主要研究内容

1. 钢壳混凝土沉管隧道结构受力机理与设计方法

通过理论分析、数值方针及试验验证，研究空间三维应力状态下的钢壳混凝土沉管隧道结构力学行为特性，分析钢筋混凝土界面脱空对钢壳组合结构力学性能的影响，揭示钢壳加劲板件焊接残余应力的分布规律，提出钢壳组合结构抗弯抗剪承载能力及连接件抗剪承载能力计算方法和界面脱空控制标准，建立钢壳混凝土沉管结构统一设计理论。

2. 钢壳混凝土沉管隧道结构合理构造

依据钢壳混凝土沉管结构统一设计理论，研究提出钢壳顶底板、纵横隔板、抗剪连接件在内的主体结构合理构造，并开展节点构造模型试验，提出节点设计方法；结合隔舱浇筑模型试验，研究提出流通孔、浇筑孔与排气孔合理布置方案；开展钢壳混凝土沉管舾装件构造研究，提出典型舾装件合理构造和主体结构补强构造形式；融合设计方法与合理构造研究成果，编制钢壳混凝土沉管隧道结构设计指南。

3. 钢壳混凝土沉管钢结构长寿命耐久性保障设计方法与防护技术

考虑环境介质和涂层老化等因素变化，通过数值分析及100年阴极保护试验模拟技术，研究钢壳电化学腐蚀与涂层防护耦合作用下的腐蚀机理，揭示100年电化学腐蚀发展规律，评估各类影响因素下阳极使用年限和保护范围，并通过自感知监测技术，提出具有自感知功能的钢壳混凝土100年耐久性防护新技术，创建沉管钢壳阴极保护设计方法。

4. 钢壳混凝土沉管推出式最终接头实现技术

通过数值分析及物理模型试验，提出并验证滑道布置、防水构造、拉合锁定与纠偏系统等推出式最终接头关键构造的可靠性；开展最终接头合理基础形式研究，实现地基刚度平顺过渡；研究提出含扩大端特殊管节长距离浮运沉放控制技术及推出过程精度控制技术。

5．钢壳混凝土沉管隧道高精度沉放对接控制技术

自主研发深水钢壳混凝土沉管精确定位测控系统，实现水下声呐定位测控系统国产化；研究轻便L形管内精确定位技术，实现尾端厘米级精度控制；研发一套精准控制曲线变宽管节姿态的系泊系统，实现曲线变宽管节厘米级对接控制。

6．高稳健自流平混凝土制备关键技术

考虑稳健性需求提出钢壳沉管用自流平混凝土核心性能指标，通过系统试验研究形成自流平混凝土配制关键技术，揭示原材料、环境温度、施工工艺等多因素共同作用对混凝土工作性能的影响规律和机理，创建自流平混凝土工作性能敏感性管控体系，开发出疏水缔合型专用化学外加剂，综合形成钢壳沉管自流平混凝土稳健性提升成套技术。

7．高稳健自流平混凝土智能浇筑关键技术及装备

考虑复杂传热模式与施工过程，获得管节浇筑的温度效应分析方法和变形分析方法；考虑浇筑方式排气孔和下料孔布置、浇筑速度以及温度效应对高稳健自流平混凝土性能的影响，通过系统浇筑试验，获得高稳健自流平混凝土浇筑技术；并依据浇筑性能需求，研发能满足智能定位、液面监测和浇筑控制的高稳健自流平混凝土智能浇筑装备。

8．长距离沉管隧道浮运安装一体船关键技术及装备研发

研究风浪流耦合作用下双体船+管节运动响应机制，提出船管连接与协同工作合理构造，整合集成开发浮运安装测控系统与施工管理控制系统，研制具有动力定位功能的浮运安装一体船，满足不小于4节航速、抵抗1.6节横流的要求。

9．珠江口大回淤条件下沉管隧道自升式碎石整平、清淤关键技术及装备

基于现场监测与模型试验，提出珠江口大回淤条件下基槽回淤物清除标准，为整平船及清淤设备的研发提供技术支撑，研制一次驻位铺设范围大、施工速度快、具有桩腿快速拆接功能的快速高效自升式碎石整平船，开发深水大回淤条件下快速精准清淤专用设备及工艺。

10．远距离曲线变宽管节浮运安装关键技术及装备

开展风浪流耦合作用下曲线变宽管节运动响应机制研究，研究管节拖航阻力、浪流荷载与运动响应机制，获得拖航阻力系数与不同沉深阶段的系泊力；开展曲线变宽管节浮运沉放装备研发与应用，开展管节浮运拖力配置、浮运辅助设备设计，研制可实现曲线变宽管节浮运沉放高精度控制的装备。

11．钢壳混凝土沉管隧道可靠无损检测技术及装备

针对钢壳混凝土脱空检测的技术难题，通过理论分析、数值仿真和模型试验等方法，研究复杂结构、厚钢板下近源弹性波场的响应特性及热中子数的变化规律；分析冲击响应强度和热中子数与脱空位置和高度的对应关系，提出脱空定量检测的技术和评价方法。同时，研发钢壳混凝土毫米级脱空的智能化检测装备和软件系统，满足工程检测效率和精度的要求，突破行业制约。

12．复杂环境下沉管隧道建设环境监测技术体系及精准预报系统平台

研究复杂河口区风生流、径流及潮流等多尺度海洋动力环境预报技术，建立三维河网—河口—陆架数值模型和径流量预报简化模型，揭示水体动量和物质混合机理；融合海上工程作业区精细化海面风数值预报技术，研发快速循环同化技术、台风主客观预报融合订正技术和强对流天气诊断方法；开发高海况下精细化近岸浪数值预报技术，建立浪-潮耦合模型，研发数值结果智能订正和使用技术。

6.3｜重大跨海通道全生命周期安全保障关键技术

聚焦跨海通道全生命周期安全保障技术，采用理论研究、数值分析、试验研究相结合的方法，进行大体积混凝土开裂风险评估理论、海洋环境混凝土劣化机理、新型主缆钢丝腐蚀疲劳机理、全熔透高品质焊接接头疲劳演化机理等研究并突破相关理论及技术难题。有针对性地提出混凝土控裂措施及耐久性保障技术，研发大直径超高强

锌铝多元合金镀层主缆钢丝及具有自感知、自调节、自保护功能的主缆防护技术，研发全熔透高品质U肋钢桥面板焊接接头等跨海交通基础设施长寿命服役保障措施，并对跨海桥梁结构的长期性能演化机理进行系统研究，明确结构长期性能控制指标及影响因素，揭示构件—结构层次的长期性能退化规律。在此基础上，考虑耐久性及长期性能的影响，建立跨海重大交通基础设施全生命周期质量检评标准，构建“平安百年品质工程”质量控制与管理体系（图6-2）。

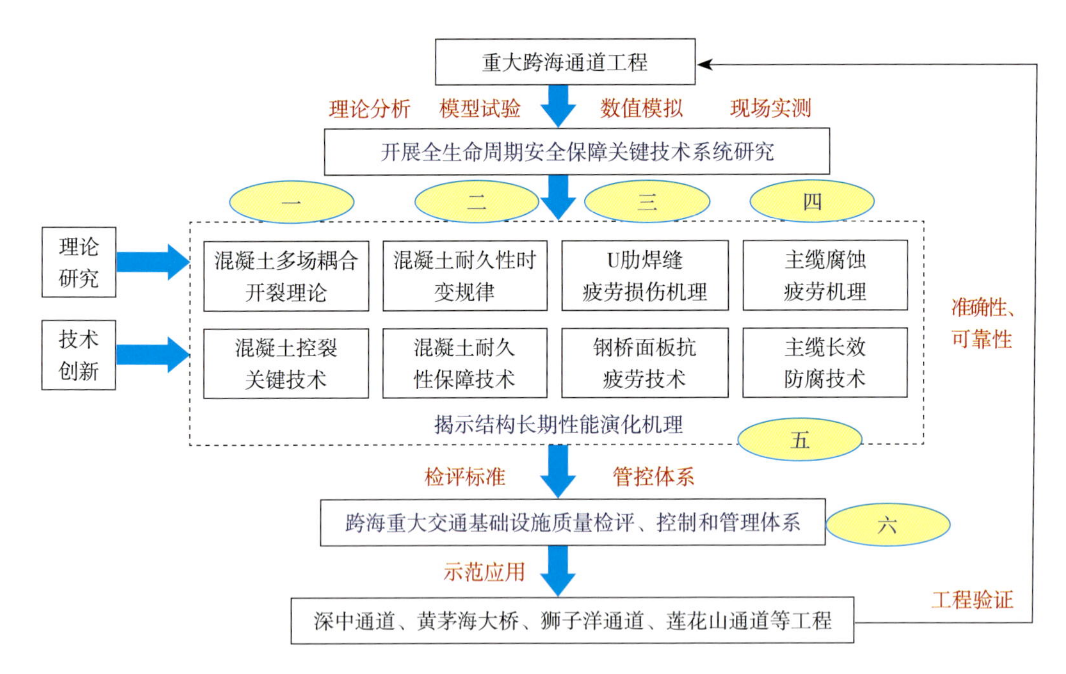

图6-2　重大跨海通道全生命周期安全保障关键技术研究路线图

6.3.1　拟解决问题

1. 关键科学问题

（1）多场耦合作用下海工大体积强约束结构混凝土收缩开裂及调控机制。考虑海工大体积强约束结构混凝土收缩开裂“水化–温度–湿度–约束”多因素耦合作用及其开裂驱动力和抗力的共生关系，实现从材料到结构层次的大体积海工混凝土收缩开裂精准预测，构建抗裂性能调控、提升机制。

（2）荷载作用下跨海通道混凝土长期性能及耐久性时变规律。研究荷载与环境共同作用下的跨海结构混凝土耐久性能时变规律，明确海洋环境下混凝土结构耐久性失效机理。

（3）海洋环境下锌铝多元合金层高强度主缆钢丝的腐蚀疲劳机理。针对海洋环境下大跨度悬索桥主缆的受力特点及环境特点，揭示海洋环境下6mm-2060MPa锌铝多元合金镀层高强度主缆钢丝的腐蚀疲劳机理。

（4）钢结构桥梁疲劳裂纹扩展全过程的跨尺度数值模拟。基于正交异性钢桥面板疲劳裂纹扩展的检测和监测技术，通过理论分析和微观与宏观裂纹实测相结合的方法，探究疲劳损伤累积过程中微裂纹的扩展速率和扩展过程；建立构造细节疲劳裂纹（微观-宏观）扩展全过程的跨尺度数值分析模型，揭示正交异性桥面板疲劳损伤机理。

（5）揭示跨海大型桥梁结构长期性能指标演化规律。考虑海洋环境及饱和交通荷载作用影响，研究大型跨海桥梁结构主要结构构件、连接构件及结构整体长期性能指标演化规律，明确结构长期性能退化路径，建立结构长期性能劣化模型，得出全生命周期内结构长期性能控制指标随时间的退化关系。

2. 关键技术问题

（1）低收缩、高抗裂海工大体积湿凝土制备关键技术。从水化这一本质因素出发，探明湿凝土微结构3D空间演变以及局部应变发展历程，设计并开发水化历程调控及分阶段、全过程补偿收缩抗裂关键技术，主动调控收缩驱动力和抗力，实现二者的协同和匹配，制备低收缩、高抗裂海工大体积混凝土。

（2）提出满足全生命周期服役性能要求的混凝土耐久性保障新技术。针对深中通道工程复杂性及所处环境恶劣多变性，提出包括原材料质量控制、成品混凝土耐久性质量控制、经济可靠的附加防腐蚀技术等方面的成套耐久性保障技术。探索研究钢筋混凝土抗侵蚀纳米材料、微胶囊自修复材料等新型耐久性提升技术。

（3）提出满足50年长寿命使用的多功能混凝土结构耐久性感知系统。开发监测混凝土耐久性的长寿命智能感知装备，研制全生命周期钢筋腐蚀光纤监测装备，构建基于云平台的数据自动采集传输系统，实现基于监测数据的混凝土耐久性智能评估。

（4）提出大直径高强度钢丝的新型锌铝多元合金镀层技术及相应索股的锚固技术；研究提高主缆钢丝抗腐蚀性能的锌铝多元合金镀层成分配比，开发能适合高碳高硅（C%>0.9%，Si%>1%）钢丝基体的锌铝镁合金热镀技术。考虑合金元素对热铸锚浇注合金流动性的影响，研发适用于大直径高强度新型锌铝多元合金镀层钢丝索股的新型锚固合金材料和工艺。

（5）提出具有自感知、自调节、自保护功能的主缆耐久性保障新技术。基于主缆环境湿度温度的变化规律，提出新型复合防护、新型干空气系统、缆内环境监测及多元合金镀层的自修复等关键技术。

（6）初始制造缺陷对焊接细节疲劳性能劣化效应的量化方法。基于疲劳裂纹（微观-宏观）扩展的跨尺度数值分析模型和焊接接头初始制造缺陷的统计特征，采用理论分析与模型试验相结合的方法，阐明初始制造缺陷对于焊接接头疲劳失效模式的影响机制和疲劳抗力的劣化机理，提出其疲劳抗力劣化效应的量化方法，为全熔透高品质焊接接头疲劳性能的试验和理论研究奠定基础。

（7）构建跨海重大交通基础设施全寿命质量检评标准。依托深中通道工程，针对跨海重大交通基础设施特有的结构形式及创新技术特点，结合相关耐久性、安全性保障技术要求及长期性能演化规律研究成果，基于公路工程质量检评标准，考虑施工及运营阶段的需求，提出考虑全生命周期性能需求的质量检测内容、检测方法、控制指标及评定方法。

（8）建立“平安百年品质工程”质量控制和管理体系。通过工程质量责任管理、质量风险预防管理、过程质量控制及工程耐久性保障措施强化，构建工程质量控制体系，明确体系的内容、指标及实施要点。建立标准化、精细化、信息化、规范化的跨海重大交通基础设施工程管理体系，提出相应的内容、指标及实施要点，形成“平安百年品质工程”标准体系和管理模式。

6.3.2 主要研究内容

1．海工大体积强约束结构混凝土开裂风险评估理论及控裂关键技术

1）基于多场合作用的海工大体积强约束结构混凝土性能成长机理与收缩开裂机制

研究海工大体积混凝土性能成长、演变机理，构建其基于水化度的性能演变模型；研究水化-温度-湿度-约束多场耦合作用下海工大体积混凝土收缩开裂机制与开裂风险控制阈值，提出其抗裂性能控制指标。

2）低收缩、高抗裂海工大体积混凝土制备技术

研究海工混凝土材料组成对收缩开裂的影响，提出原材料及配合比控制参数；创建水泥水化加速期调控方法与历程可控钙镁复合补偿收缩技术。

3）海工大体积强约束结构混凝土施工与监测关键技术

开发原位、实时测试混凝土温度和变形历程的抗裂监测系统；研究智能温控等施

工措施，对海工大体积强约束结构混凝土开裂风险定量评估。

2. 跨海重大交通基础设施寿命适配、经济可靠的混凝土耐久性保障技术及措施

1）混凝土结构服役性能时变规律

研究荷载与环境共同作用下的混凝土耐久性能时变规律，明确混凝土结构耐久性失效机理。

2）跨海通道混凝土结构耐久性保障技术

针对海洋环境条件，提出包括原材料质量控制、成品混凝土质量控制、经济可靠的附加防腐蚀技术等成套耐久性保障技术。探索钢筋混凝土抗侵蚀纳米材料、微胶囊自修复材料等新型耐久性提升技术。

3）混凝土寿命自感知技术研究

开发监测混凝土耐久性参数时空变化的长寿、耐久智能感知装备，研制全周期钢筋腐蚀光纤监测装备，构建基于云平台的数据自动采集传输系统，实现基于监测数据的耐久性智能评估。

3. 悬索桥主缆长效防腐新技术

1）海洋环境下新型镀层主缆钢丝的腐蚀疲劳破坏机理研究

考虑钢丝直径和镀层种类的影响，采用疲劳和抗盐雾腐蚀试验相结合的方法，通过分析其疲劳损伤失效模式，揭示主缆钢丝的腐蚀疲劳机理。

2）基于锌铝多元合金镀层的超高强度大直径主缆钢丝索股开发

揭示合金元素对锌铝镀层性能的影响规律，提出锌铝多元合金热镀工艺和高强钢丝拉拔工艺，研制锌铝多元合金镀层高强主缆钢丝产品，并对产品的耐久性和可靠性进行验证。

3）自感知、自调节、自保护功能的主缆耐久性保障技术研究

建立新型缆内湿度及温度监测自感知技术、新型复合缠绕防护体系和新型干空气系统自调节技术、锌铝多元合金镀层自修复关键技术，实现主缆钢丝100年内不锈蚀。

4. 正交异性钢桥面板高品质焊接接头及抗疲劳开裂关键技术研究

1）钢桥面板全熔透焊接接头疲劳性能研究

建立钢桥面板微裂纹扩展全过程跨尺度数值分析模型，确定全熔透焊接接头主要疲劳失效模式及其疲劳抗力，阐明焊接工艺和焊接参数对其疲劳性能的影响机制。

2）全熔透高品质焊接接头的焊接质量保障措施研究

基于全熔透焊接接头的主要疲劳失效模式，确定其焊接质量的关键影响因素，提出高品质焊接接头的装配精度、焊接工艺和焊接参数等质量保障措施。

3）新型钢桥面板体系的合理构造参数研究

研究结构体系和构造细节设计参数、焊缝几何形态参数和初始制造缺陷等因素对钢桥面板疲劳损伤的影响，确定基于全熔透高品质焊接接头的新型钢桥面板体系合理构造参数。

5. 跨海重大交通基础工程结构长期性能演化机理

1）结构长期性能指标体系及主要影响因素研究

考虑海洋环境、结构形式及使用荷载特点，基于构件及结构的性能特点，确定影响构件、结构使用功能及安全性能的长期性能控制指标，明确对结构长期性能指标产生影响的主要因素。

2）海洋环境及饱和交通作用下跨海桥梁结构构件力学性能退化规律研究

通过钢筋混凝土构件及钢结构构件等在氯盐侵蚀及荷载耦合作用下的往复荷载试验，研究多因素耦合作用下跨海桥梁结构主要受力构件及连接构件的力学性能退化规律，建立构件层次的长期性能指标劣化模型。

3）海洋环境及饱和交通作用下跨海桥梁结构长期性能演化机理研究

研究构件性能退化次序及退化程度对结构整体性能的影响，明确结构长期性能退化路径，阐明多因素耦合作用下跨海桥梁结构整体长期性能演化机理，建立全生命周期内结构长期性能指标随时间的退化关系。

6. 跨海重大交通基础设施全生命周期质量检验评定方法与标准及“平安百年品质工程”质量控制和管理体系

1）形成跨海重大交通基础设施全生命质量检验评定方法与标准

针对跨海重大交通基础设施工程采用的新型结构形式及先进技术特点，考虑结构耐久性退化及长期性能演变规律，提出考虑建设及使用阶段需求的全生命质量检测内容、检查方法、控制指标及评价标准。

2）建立跨海重大交通基础设施“平安百年品质工程”质量控制与管理体系

结合全生命质量检评标准及品质工程评价方法，通过落实工程质量责任、质量风险预防管理、过程质量控制及强化工程耐久性保障措施，形成跨海重大基础设施工程质量控制内容、指标及实施要点。系统建立跨海重大交通基础设施工程标准化、精细化、信息化、规范化工程管理体系，构建“平安百年品质工程”管理体系。

6.4｜饱和交通下海底钢壳沉管和互通式隧道火灾防控及智能交通管控技术

基于热—力双场耦合理论，组织开展大比例尺钢壳构件耐火模型试验及现场测试，研究不同荷载模式、约束条件及受火环境下钢壳结构体系破坏模式与隔热防火性能，形成钢壳沉管隧道结构性能化火灾防控集成技术；同时运用多尺度模型试验和数值仿真技术，进行沉管隧道火灾通风排烟综合试验和实体工程验证，研究超大断面沉管隧道排烟规律与主控因素，建立超大断面沉管和互通式隧道排烟与应急救援技术体系；基于模式识别、数值分析、驾驶模拟试验及微观交通仿真，开发VR交通仿真平台，研究紊流状态下交通流回波和通行能力服务水平分析模型，构建饱和交通下海底互通式隧道交通流发展态势研判及安全综合智慧管控技术体系（图6-3）。

6.4.1 拟解决问题

拟解决关键科学问题包括：

（1）超大跨钢壳沉管隧道火灾力学行为与结构失效模式。

（2）超大断面和互通式隧道火灾烟气控制关键参数预测模型。

（3）饱和交通下超大断面海底沉管和互通式隧道人员疏散特性。

（4）饱和交通下海底互通式隧道紊流状态下交通流回波机理及模型。

拟解决关键技术问题包括：

（1）热—力双场耦合下海底钢壳沉管隧道管节结构及接头被动隔热降温技术。

（2）新型排烟体系下超大断面沉管隧道及互通式隧道火灾排烟与控烟技术。

（3）基于突发事件全覆盖的超大断面海底沉管隧道应急救援技术。

（4）海底互通式隧道复杂运行环境下安全风险预防及干预技术。

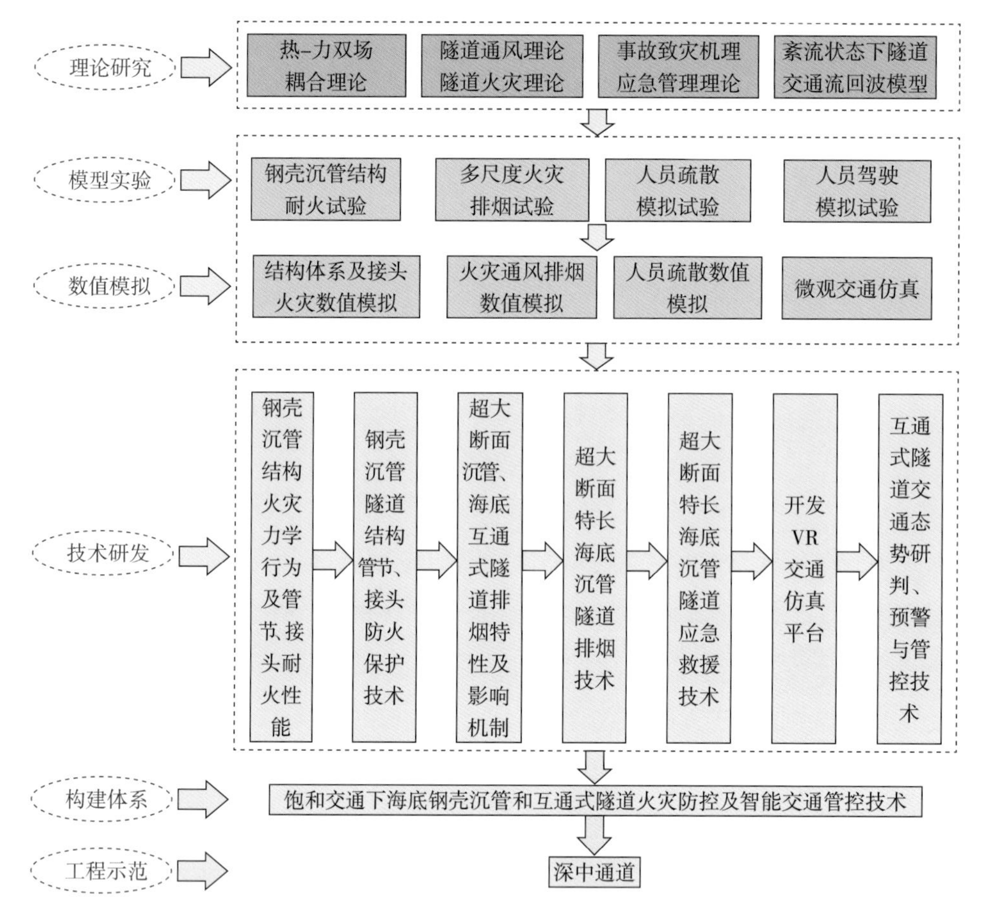

图6-3 饱和交通下海底钢壳沉管和互通式隧道火灾防控及智能交通管控技术研究路线图

6.4.2 主要研究内容

1. 海底钢壳沉管隧道管节结构及接头火灾防控集成技术研究

1）钢壳沉管隧道管节结构防火保护技术

开展了钢壳混凝土组合结构热—力耦合加载试验研究，火灾高温对构件混凝土的损伤集中在T形肋和横隔板附近，T形肋翼缘顶部混凝土与T形肋脱空。跨中区域T形肋顶部温度裂缝宽度最大，并向上发展成竖向裂缝；基于试验现象统计了裂缝的分布情况；钢壳组合结构在热—力耦合作用下呈现出脆性破坏，底部跨中钢板持续变软拉裂，导致整个结构从底部跨中撕裂破坏。

开展了钢壳组合结构热—力耦合加载数值仿真计算分析，给出了不同工况下组合结构温度传递规律、应力-应变分布模式；发现钢壳组合结构呈现明显的剪切破坏模式。

在35mm、30mm、25mm三种板厚的保护下，构件钢壳底板的温度最高值均低于设计文件中要求的300℃标准，这说明防火板在火灾中对构件的保护作用明显。

不同防火板厚度下，防火板与构件底板之间的空腔内防火板背火面温度、角钢温度、空腔温度、底板温度随炉膛温度变化呈现规律性的变化。在炉膛升温及恒温过程中，空腔内各测点的温度逐渐升高；在炉膛降温过程中，空腔内各测点的温度逐渐下降。

2）钢壳沉管隧道管节接头结构防火保护技术

（1）无剪力键试件

钢壳、混凝土、橡胶等材料的最高温度均未超过材料特性发生变化的温度，所采用的27.5mm厚防火板+50mm厚防火棉防火保护方案有效，在ISO834升温曲线作用3h后，能满足接头抗火性能的要求。

试验过程中，5号槽钢龙骨因温度较高，会产生强度退化以及温度应力的情况，空腔部位自由端挠度较大。同时在试验中，槽钢龙骨的安装方式与防火板的拼缝存在缺陷，导致悬挑槽钢变形过大，该区域槽钢温度过高，变形增大导致防火板缝隙增大，使局部区域温度增长过快，对节点区防火性能带来风险。应用于实际工程时，可改善防火板拼缝，确保拼缝严实可靠，保证防火保护的完整性。

试验过程中，防火板出现裂纹，但是没有防火保护板影响防火板本身的完整性，应该是槽钢龙骨因后期温度过高、温度梯度过大导致槽钢变形太大引起的。如果改进防火板拼缝处密封措施后，应该能避免防火板出现开裂的现象。

（2）对于有剪力键试件

有剪力键抗火性能试验是在无剪力键抗火性能试验的基础之上做了相应的改进，虽然防火保护方案一致，仍为27.5mm厚防火板+50mm厚防火棉，但是改进了5号槽钢龙骨的自由端部分以及两侧防火板缝隙的处理方式。有剪力键抗火性能试验所采集到的各测点升温曲线，较无剪力键抗火性能试验更加平稳有效。同时，进一步说明了本研究防火保护方案有效，在ISO834升温曲线作用3h后，能满足接头抗火性能的要求。

3）钢筋混凝土管节结构防火保护技术

温度在沉管隧道管节结构（顶板/边墙/底板）构件内部传递时，在距离受火面30cm范围内温度梯度大，降温迅速。在双层2×1cm防火板错缝布置保护下，结构构件在距离底部20cm内就基本降为常温。

在双层2×1cm防火板错缝布置条件下，管节结构构件内部温度衰减符合指数函数。通过该函数可得到相应位置处的力学参数，可为评价火灾中材料的损伤及确定结构承载力提供参考。

《建筑设计防火规范》GB 50016—2014（2018年版）规定城市交通隧道承重构件耐火极限为：衬砌表面温度不超过380℃，距离底部2.5cm处温度不超过300℃（RABT曲线）。试验表明，管节主体结构在单层1cm玻镁防火板保护下，点火33min即超过耐火极限要求；而在双层2×1cm玻镁防火板错缝布置保护下时，在整个试验过程中，衬砌表面最高温度约为330℃，距离构件底部2.5cm处的温度为200～230℃，满足规范要求。

管节结构双层防火板试验在点火后约70min时，测试的结构表面温度曲线有明显上扬，表明防火板内部结构开始发生变化，耐火性能有所降低，温度明显上升。建议在实际工程中，隧道受火时间超过1h时，也要对火源附近的防火板及时检测，必要时加以更换。

2．饱和交通下超大断面特长海底沉管隧道排烟技术研究

参考国外针对重型货车火灾开展的全尺寸实体隧道火灾试验成果，在火灾自由发展的情况下，深中通道特长隧道存在发生50MW以上火灾的可能。结合消防设施对火灾规模的控制效果分析认为，实际运营过程中，合理使用火灾自动报警系统和自动灭火系统，能够有效地将隧道火灾规模控制在50MW内。

通过对国内外重大隧道火灾及研究成果的调研，参考国内外公路水下隧道尤其是沉管隧道（上海外环隧道、港珠澳隧道）火灾设计规模，以及考虑未来车辆机械性能的升级、交通监管技术的发展和消防灭火设施的进步，对深中通道隧道不同火灾规模（50MW、100MW、200MW）情况下人员逃生进行了数值分析。本研究得出如下结论：在禁止通行危化品车辆且配备完备的火灾自动报警系统和自动灭火系统的情况下（能够在火灾早期采取措施控制火灾规模），深中通道隧道火灾设计规模建议按50MW取值。

参考美国NFPA92B和《建筑防排烟技术规程》DGJ 08-88—2006提出的火灾产烟量的计算方法，并考虑了烟道漏风量和新风吸入量，分别对侧部排烟和顶部排烟两种排烟方式的烟道排烟量和面积进行了分析和计算。在隧道火灾规模为50MW的情况下，当采用侧部排烟口进行侧部排烟时，烟道排烟量为258.33m^3/s，烟道净空面积应不小于17.22m^2；当采用顶部排烟口进行顶部排烟时，烟道排烟量为224.50m^3/s，烟道净空面积应不小于14.97m^2。

从烟气温度分布、烟气蔓延范围、排烟效率等几方面分析了隧道侧壁排烟、横向联络排烟道侧部排烟、横向联络排烟道底部排烟3种排烟方式的控烟效果。总体而言，横向联络排烟道底部排烟方式和横向联络排烟道侧部排烟方式对烟气扩散的控制优于隧道侧壁排烟方式，横向联络排烟道底部排烟方式略优于横向联络排烟道侧部排烟方式。

通过1∶1.25的大比尺实体隧道火灾排烟试验，对仅开启侧壁排烟口、开启横向联络排烟口+侧壁排烟口、仅开启横向联络排烟道3种模式的排烟效果进行了对比分析。试验结果表明：仅开启侧壁排烟口时，烟气层高度在横断面上分布存在一定差异，远离排烟口侧的烟气层高度略低于排烟口附件烟气层高度。从整体效果看，采用横向联络排烟道+侧壁排烟口时，烟气高度最高，烟气控制效果最好，仅采用横向联络排烟道时次之，仅采用侧壁排烟口时最差。

3. 海底互通式隧道火灾排烟技术研究

1）单匝道隧道火灾烟气控制参数模型

通过理论分析、模型试验和数值模拟，阐明了海底互通式隧道中单匝道连接结构和通风因素对火灾烟气扩散特性的影响，明确了烟囱效应作用下主隧道和匝道的烟气迁移机制，建立了烟气温度分布预测模型、烟气回流长度预测模型和通风控制参数预测模型，解决了已有相关模型不适用于互通式结构隧道的问题。

2）多匝道互通式隧道通风控制模式

针对互通式隧道火灾的烟气扩散规律及通风控制策略，在一个1∶15的实体模型隧道中开展一系列试验，改变火源位置、通风风速、通风口开启方式、通风控制模式等多种条件，分析不同区域的顶棚温升变化情况，得到火源位置、通风口等因素对通风排烟的影响机制，提出最佳通风控制模式。主要结论如下：

（1）自然通风模式下，主隧道内火源与排烟风道距离的增大会使得烟气扩散范围增大和烟气积累加剧，北侧火源点在其上方温升电缆产生的温升幅度和升温测点数目都大于匝道A、B内，在三种火源位置的试验中均出现了较大范围的温升，升温区域长度接近6m，疏散通道内仅位于南侧边壁的火源位置2工况下出现了幅值最大为5℃的温升。

（2）主隧道中央起火时，在两端排烟模式下，开启匝道送风以增加补风量，同时开启3～6号通风口的烟气控制效果较好；主隧道靠近风道一侧边壁起火时，在近端排烟模式下，开启3～4号通风口的烟气控制效果较好；主隧道靠近匝道一侧边壁起火时，在近端排烟模式下，开启1～4号通风口时的烟气控制效果较好。

（3）匝道C与匝道A连接口起火时，烟气在向匝道C出口扩散中，随着与连接口距离的增大，烟气温度呈现先增大后减小的变化趋势。在$0<X<1.5$m时，烟气温度逐渐升高。烟气在向出口扩散的过程中，受到烟囱效应的影响，装置的内外压差导致烟气在下坡段的蔓延受阻，同时扩散距离的增大带来热量交换和热辐射的增加，在$X>1.5$m时，烟气温度随着距离的增大逐渐减小。

（4）纵向通风能够降低匝道C内的顶棚温度，随着风速的持续增大，烟气的控制效果改善的幅度逐渐减小；但同时也加剧进入主隧道的烟气与空气界面处的扰动，空气被吸入烟气层增大了烟气量，降低了侧向排烟效率，导致靠近排烟道的主隧道南部和中部的顶棚温升反而高于自然通风；综合考虑经济因素，对于匝道C内送风风速为0.6～0.7m/s纵向通风时的烟气控制效益最高。

3）海底互通式隧道火灾排烟技术

通过搭建完成与深中通道海底互通式隧道建筑结构、互通形式和通风方式一致的1：30火灾模型试验装置，构建典型火灾场景，通过改变火源位置、火源规模和通风风速，分析顶棚射流温度、烟气扩散速度、烟气沉降高度、烟气扩散范围等烟气危险性参数，优化海底互通式隧道火灾排烟模式，开展示范工程，对提出的火灾排烟技术在该工程的适用性进行验证和修正（图6–4）。

图6–4　超宽沉管隧道横向联络排烟通道

主要结论如下：

（1）自然通风模式下，与火源位置相对应，主隧道中线以北区域和以南区域分别为火源位置2和火源位置3工况下顶棚温度最高，而3个不同火源位置的工况对应的主隧道中部的顶棚温度相近。当隧道中央起火时，温度在横向整体上呈现对称分布的规律，最高温度出现区域与火源位置相对应。距离匝道最近的火源位置3起火时，匝道内的温升最高。烟气在由匝道3扩散至更为狭小的匝道4、5时，发生蓄积导致局部出现温度升高。

（2）机械排烟模式下，当隧道中部起火时，位于北部的排烟口由于距离侧向排风道更近，排风量更大，使得南侧的温升高于北侧，且随着风机功率的增大，南侧的排风口排烟能力增强，南北两侧的温度差异逐渐减小。由于隧道空间较大，试验设计采用的排烟风量不足以将全部的烟气排出。

（3）机械排烟模式下，当靠近风道一侧起火时，持续增大风量对排烟效果的提升有限，考虑排烟效果和经济效益，当靠近风道起火时，$0.014m^3/s$的排烟风量的综合排烟效率更高。

（4）综合数值模拟的结果，当分岔连接处起火时，开启近端风机、采用近端排烟模式的排烟效率相对较高。减少通风口的数量能够略微增强排烟效果，但总体而言，只开启火源附近的通风口并不能明显提升排烟效率，考虑到更大的功率下烟气扩散范围可能远大于模拟工况，因此建议在进行排烟时开启全部通风口。

4. 超大断面特长海底沉管隧道应急救援技术研究

在隧道发生火灾时，人员疏散具有明显的从众效应，来自同一群体或相互认识的人员，在疏散过程中往往会选择结伴疏散。按照性别分组，男性平均疏散速度为2.63m/s，女性平均疏散速度为1.27m/s。

深中通道火灾分区共分为8个区域，其中主线以K6+830（ZK6+830）为界分为4个区域；入口匝道EF以合流点为界，出口匝道GH以分流点为界，合计分为4个区域；仿真结果表明，随着各区域内火灾事故发生位置的改变，事故点下游车辆清空的时间范围依次为：M-1区域内时间介于45～186s，M-2473区域内时间介于272～283s，M-3区域内时间介于110～159s，M-4区域内时间介于160～203s；匝道隧道段发生火灾时，由于匝道路段的坡度较主线路段大，火灾工况下烟囱效应明显，加之匝道隧道曲率半径较小，匝道上游人员疏散撤离需要更加有效的通风排烟策略做保证。

结合国务院、交通运输部、广东省相关法规以及深中通道的实际工程情况，最终确定预案为《深中通道沉管隧道突发事件应急救援预案（总体篇）》《深中通道沉管隧道自然灾害事件应急救援预案》《深中通道沉管隧道突发事件应急救援预案》《深中通道沉管隧道火灾事故应急救援预案》《深中通道沉管隧道社会安全类及公共卫生应急救援预案》《深中通道沉管隧道其他事件应急救援预案》，通过制定总的应急预案和专项类应急预案，以达到突发事件的完全覆盖。

5．饱和交通下海底互通式隧道安全综合控制及智能仿真技术研究

课题根据深中通道的交通运行特点和高速公路智能管控技术发展现状与趋势，以协调提高“安全”和“效率”为目标，提出了深中通道以动态风险控制为引领，以提高交通运行“平顺性”为手段的日常智能管控理念和以事件条件下交通态势研判为引领、合流控制技术为支撑的事件条件下智能管控理念，提出了针对日常和事件条件下的深中通道交通运行智能管控基本流程。

为了实现智能管控，项目从“日常”和“事件条件下”两个管控场景出发，研究动态风险评估、车道安全管控技术、速度管控技术、交通态势快速研判技术和车道封闭情况下合流控制技术5方面支撑技术。提出了反映交通运行与事故风险关系的5种动态风险评估模型，并优化提出推荐模型；建立了综合考虑冲突数和严重程度的分/合流区冲突度评价模型，提出了分/合流区交通组织技术和车道智能管控策略；提出大型车、小型车和混合车道速度管控模型；提出了事件条件下交通态势快速研判技术；提出了基于汇入间隙理论的车道部分封闭情况下合流控制技术与策略。

为了适应深中通道安全管控需求和设施条件，为落实管控技术与策略提供“抓手”，课题划分和定义了全线“管控单元”，分析了典型管控场景，给出了智能管控实现路径，以此明确了深中通道智能管控的设施需求，据此，在当前设计方案的基础上，提出了深中通道交通工程设施设计的优化建议。

课题主要针对设计阶段，依托课题研究成果进一步优化设计方案，并为智能管控的实现提供必要的设计预留。课题研究提出的智能管控成果主要应用于深中通道运营期，因此需要通道主体设施方案最终敲定、运营管控框架基本成型，方能将科研成果进一步地细化和落实为机电系统详细方案。同时，智能管控个性化、精细化和高度定制化的特点，决定了智能管控相关算法的运行，需要经过高符合度的仿真和实际运营数据的训练，才能进入最优状态。

第7章

展望

五岭北来峰在地，九州南尽水浮天。处在水网密布的地区，要想富，桥和路是“先行官”。抱着这个思想，中国的交通建设者开始在基础设施建设上耕耘，并逐渐从陆上向海上进军。1997年，主跨888m的中国第一座大跨径悬索桥虎门大桥飞架珠江口；2019年，《粤港澳大湾区发展规划纲要》颁布后首个通车的“超级工程”南沙大桥巍然耸立；同时，一座技术难度堪比港珠澳大桥的超级工程——深中通道项目正在如火如荼的建设当中。进入21世纪20年代，世界桥梁跨越能力迈入2000m大关，全球已建在建4座2000m级大桥，中国占据前三。中国交通人拉开了跨越式发展的鸿篇巨制，一个安全、便捷、高效、绿色、经济的综合交通体系熔铸了经济发展的内核动力。

艰难方显勇毅，磨砺始得玉成，征途漫漫，唯有奋斗。中国交通人将继续坚持以人民为中心的发展思想，坚守人民情怀，以加快交通强国为己任，构建现代化基础设施体系，着力优化路网衔接，着力增强综合服务管理能力，着力提高人本化、专业化、标准化、信息化、精细化水平，深化推进跨海重大交通基础设施项目建设，加快跨海重大交通基础设施现代化管理建设步伐，向深海更深、向湾区更广处奋斗，为全面建设社会主义现代化国家打下坚实基础。